MANULU
PAPER COLLECTIVE
MUMS

CHRISTINE RUDOLPH & SUSIE THEODOROU

KOPENHAGEN

DIE KULTREZEPTE

CHRISTINE RUDOLPH & SUSIE THEODOROU

KOPENHAGEN

DIE KULTREZEPTE

CHRISTIAN

INHALT

Einführung

Essen wird in Kopenhagen großgeschrieben. Die Einheimischen haben eine ausgeprägte Meinung zu traditionellen Gerichten, ihrer Zubereitung und der Art und Weise, wie sie serviert werden. Trotzdem war es erst die »*New Nordic Cuisine*«, die Kopenhagen 2005 auf der kulinarischen Landkarte bekannt machte. In dieser neuen nordischen Küche dreht sich alles um die Zubereitung traditioneller Speisen. Die Zutaten werden lokal angebaut bzw. produziert, die Küche ist einfach und köstlich. Egal, wie groß oder klein das Restaurant ist, den Köchen liegen die Zutaten, die sie verwenden, am Herzen. Sie arbeiten eng mit den Produzenten zusammen und legen Wert auf saisonale Küche. Auch zu Hause pflegt man einen respektvollen Umgang mit Nahrungsmitteln – Gemüse und Kräuter werden auf Hausdächern und in Balkonkästen angebaut und überall in der Stadt sieht man kleine Gemüsebeete.

Diese Liebe zum Essen verstärkt die für Kopenhagen ohnehin so typische »hyggelige« Atmosphäre noch mehr. In vielen Restaurants sitzt man zusammen mit anderen Gästen an langen Tafeln und auf öffentlichen Plätzen laden große Tische dazu ein, auch draußen gemeinsam zu essen. Lassen Sie sich durch die alten kopfsteingepflasterten Gassen treiben und finden Sie ein traditionelles *smørrebrød*-Lokal. Oder mieten Sie sich ein Fahrrad und machen Sie eine Entdeckungstour durch eines der In-Viertel der Stadt. Dort gibt es etliche moderne relaxte Restaurants, in denen man es sich – ganz dänisches Design – auf einem Børge-Mogensen-Stuhl bequem machen und an einem Vintage-Holztisch einfache lokale Speisen genießen kann.

FRÜHSTÜCK

Wird in Kopenhagen der Tag begonnen, spielen Roggenbrot, Eier und Kaffee eine gleichermaßen große Rolle. Seit einiger Zeit ist es außerdem beliebt, sich ofenwarme knusprige Backwaren aus einer der kleinen Bäckereien zu holen, von denen es eine ganze Menge in der Stadt gibt. Man muss allerdings schnell sein, denn ist das Gebäck verkauft, gibt es bis zum nächsten Tag auch keinen Nachschub mehr. Dieses Kapitel präsentiert einige süße Teilchen wie z. B. Zimt- oder Kardamombrötchen, die man ganz einfach zu Hause nachbacken kann. Es enthält aber auch Ideen für ein ausgedehntes Frühstück – von Haferbrei mit verschiedenen Toppings über Frühstückseier bis hin zu geräuchertem Fleisch und Fisch.

35 kr.
40 kr.
45 kr.
Kaffekombucha kr.
Kaffe-softice 30 kr.
Varm Chokolade 40 kr.
THE COFF
ffee Pick-up
THE COFFEE COLLECTIVE

Brot aus Roggensauerteig gibt es überall in Kopenhagen. Die Herstellung dauert eine Weile, es zu Hause zu backen ist also mit einiger Liebesmüh' verbunden. Warten Sie nach dem Backen einen Tag, ehe Sie das Brot in sehr dünne Scheiben schneiden. Zur Aufbewahrung wickeln Sie es am besten erst in Küchenpapier und dann in ein Geschirrtuch – so bleibt es eine Woche lang frisch.

»RUGBRØD« Roggenbrot

Ergibt ein Brot (etwa 1 kg) ▪ Zubereitungszeit: 2 Tage ▪ Backzeit: 1 ½–2 Stunden

Zutaten

80 g rohe Sonnenblumenkerne
80 g rohe Kürbiskerne
40 g roher Leinsamen

FÜR DEN SAUERTEIG
50 g flüssiger Natursauerteig (kann bei einigen Bäckern oder im Internet gekauft werden)
100 g Roggenmehl Type 1150

FÜR DEN TEIG
190 g Roggenmehl Type 1150
150 g Roggenvollkornmehl
150 g Dinkelvollkornmehl
7 g Malzextrakt
75 ml dunkles Bier, zimmertemperiert
15 g feines Meersalz
2 EL Roggenflocken zum Bestreuen

Den Ofen auf 180 °C (Ober-/Unterhitze) vorheizen. Die gemischten Körner und Samen ohne Fett 8–10 Minuten leicht anrösten. Abkühlen lassen und in einer Schüssel Wasser über Nacht einweichen.

Für den Sauerteig den Natursauerteig, das Roggenmehl und 100 ml zimmerwarmes Wasser in einer Schüssel gut mischen und abdecken. Zum Fermentieren über Nacht (bei 22–23 °C) oder mindestens 12 Stunden stehen lassen.

Am nächsten Tag die Körnermischung auf Küchenpapier trocknen. Den Sauerteig in eine Schüssel geben, langsam das Bier und 500 ml Wasser zugeben, um den Sauerteig zu verdünnen. Alle trockenen Zutaten sowie die Körnermischung dazugeben und gut mischen. Abdecken und an einem warmen Ort 1 ½–2 Stunden gehen lassen.

Den Ofen auf 200 °C (Ober-/Unterhitze) vorheizen. Den Teig in eine Kastenform für 1 kg Teig oder zwei kleinere Formen geben. Mit den Roggenflocken bestreuen, auf ein Backblech stellen und etwa 30 Minuten im Ofen backen. Die Temperatur auf 180 °C reduzieren und weitere 1 ½ Stunden backen. Aus dem Ofen nehmen und vollständig abkühlen lassen.

Kaffee

Die Verwendung stylisher Filterkaffeemaschinen hat im vergangenen Jahrzehnt einen wahren Kaffee-Boom in Kopenhagen ausgelöst. Das Kaffeetrinken ist zu einem gesellschaftlichen Ereignis geworden und im Stadtzentrum werden immer noch mehr schöne und hippe Kaffeebars eröffnet.

Es gibt so viele verschiedene Methoden der Kaffeezubereitung, vom Handfiltern oder Pour-over über tude cortado (auch als cortado bekannt) bis hin zu Latte, Cappuccino oder Americano. Obwohl das Land eine Kaffeenation ist, sind die Dänen aber auch einer entspannenden Tasse Kräutertee nicht abgeneigt.

Espresso: ein einfacher Espresso (etwa 25 ml Kaffee).

Cortado: Espresso mit etwas heißer geschäumter Milch darauf, serviert in einer Espressotasse.

Macchiato: Espresso mit einer Haube aus Milchschaum, in einer Espressotasse serviert.

Cappuccino: 25 ml Espresso mit 75–85 ml heißer geschäumter Milch darauf.

Latte: Milchkaffee aus 50 ml Espresso mit 175 ml heißer Milch, Milchschaum nicht unbedingt nötig.

Pour-over: 30 g Kaffeebohnen mahlen (der Mahlgrad sollte etwa der Stärke von Meersalz entsprechen). Einen Kaffeefilter mit einem Papierfilter versehen, das Kaffeepulver hineingeben und die Oberfläche glatt streichen. Eine Tasse mit etwa 250 ml Fassungsvermögen darunter stellen. 600 ml Wasser auf 95 °C erhitzen und es dann in drei Schritten langsam aufgießen, dabei jeweils abwarten, bis das Wasser vollständig durch den Filter gelaufen ist.

Eiskaffee: meist gekühlter Filterkaffee. Evtl. Milch dazugeben, mit Eiswürfeln servieren.

Tee

Obwohl Dänemark eine Kaffeenation ist, erfreuen sich auch Kräutertees großer Beliebtheit. Geben Sie einfach die Kräuter oder die Kräutermischung Ihrer Wahl in eine Tasse oder Kanne, gießen Sie frisch gekochtes Wasser darüber und lassen Sie die Kräuter für 3–5 Minuten darin ziehen. Gießen Sie den Tee ab, süßen Sie ihn nach Belieben mit Honig und servieren Sie ihn.

Hopfen: Hopfen hilft gut, um verschiedene Arten von Stress zu lindern. 2–3 Hopfendolden für 3–5 Minuten in heißem Wasser ziehen lassen. Eventuell abgießen. Nach Belieben mit Honig süßen.

Estragon: Tee aus Estragonblättern fördert die Verdauung, hilft bei Wassereinlagerung und hat einen entspannenden Effekt auf den Körper. Die Blätter von zwei Stängeln für 10 Minuten in 300 ml heißem Wasser ziehen lassen.

Hagebuttentee: Hagebutten enthalten viele Antioxidantien. Für den Tee die Hagebutten kappen und halbieren. Die Samen herauslöffeln und entsorgen. 6–8 Hagebutten für 10 Minuten in 300 ml Wasser ziehen lassen. Abgießen und nach Belieben mit Honig süßen.

Zitronenverbene: Einen Stängel Zitronenverbene für 2–3 Minuten in heißem Wasser ziehen lassen. Warm oder kalt servieren. Der Tee enthält Antioxidantien, unterstützt den Verdauungsapparat, beruhigt den Magen und hilft gegen Anspannung. Eine Mischung aus frischer Zitronenverbene und Minze funktioniert ebenfalls gut.

Bergsalbei: Dieser beliebte Tee wird von den griechischen Inseln importiert und in vielen guten Teegeschäften verkauft. Die Blätter für 5–8 Minuten in heißem Wasser ziehen lassen und dann servieren. Mit Bergsalbei lässt sich Verdauungsproblemen vorbeugen und er kann bei Depressionen helfen.

Die Backwaren der Bäckerei Juno gehören zu den besten der Stadt. Der Bäcker und Konditor Emil Glazer hat früher im Noma gearbeitet und uns freundlicherweise dieses Rezept verraten. Sie müssen dazu einen Sauerteig ansetzen, das geht einfacher mit flüssigem Natursauerteig, wie er in Apotheken oder auch online erhältlich ist. Folgen Sie einfach den Angaben auf der Packung.

»MORGENFORM« Frühstücksbrot

Ergibt ein Brot (etwa 1 kg) ■ Zubereitungszeit: 3 Stunden, verteilt auf 2 Tage ■ Backzeit: 40 Minuten

Zutaten

125 g Natursauerteig (siehe oben)
175 g backstarkes Brotmehl (z. B. Weizenmehl Type 550), gesiebt
75 g Roggenvollkornmehl
100 g Einkornvollkornmehl
11 g Salz

Tag 1

325 ml lauwarmes Wasser (30–35 °C) mit dem Natursauerteig und allem Mehl mischen. 30 Minuten gehen lassen.

Den Teig 15 Minuten lang kneten, bis er weich und elastisch ist, dann das Salz zugeben und weitere 2–3 Minuten kneten. Den Teig in eine leicht geölte Schüssel geben und bei Zimmertemperatur 20 Minuten gehen lassen, dann den Teig einmal kurz verkneten und dies für 2 Stunden alle 30 Minuten wiederholen.

Den Teig auf einer bemehlten Arbeitsfläche zu einem Oval formen. In eine gefettete Kastenform für 1 kg Teig geben und 30–60 Minuten gehen lassen. Über Nacht kalt stellen.

Tag 2

Den Ofen auf 250 °C (Ober-/Unterhitze) vorheizen. Den Teig auf Zimmertemperatur bringen, das dauert etwa 15 Minuten.

Die Teigoberfläche mit Mehl bestauben, dann der Länge nach tief einschneiden. Auf der untersten Schiene 40 Minuten im Ofen backen. Es sollte sich innen hohl anfühlen, wenn man leicht auf die Unterseite des Brotes klopft. 10 Minuten abkühlen lassen, dann das Brot aus der Form stürzen und auf einem Kuchengitter vollständig abkühlen lassen. In Scheiben schneiden und mit Butter servieren.

Die Bäckerei Juno war so nett, auch dieses Rezept für traditionelles Knäckebrot, wie man es in Kopenhagen häufig findet, mit uns zu teilen. Der Teig wird zu dünnen Kreisen (Durchmesser 25 cm) ausgerollt, danach wird mit einer Plätzchenform (Durchmesser etwa 5 cm) ein Loch aus der Mitte ausgestochen. Natürlich kann man auch Rechtecke oder Ovale formen.

»KNÆKBRØD« Knäckebrot

Ergibt 10 große Knäckebrote ▪ Zubereitungszeit: 2 Stunden, über 2 Tage verteilt ▪ Backzeit: etwa 1 Stunde

Zutaten

100 g Natursauerteig
100 g Weizenvollkornmehl
100 g backstarkes Brotmehl
(z. B. Weizenmehl Type 550), gesiebt
30 g Roggenvollkornmehl
1 g frische Hefe
6 g Salz

Tag 1

Alle Zutaten zusammen mit 100 ml Wasser verkneten, bis ein fester Teig entstanden ist. Den Teig in eine fest verschließbare Schüssel oder Frischhaltedose füllen, den Deckel darauf geben und bis zum nächsten Tag ruhen lassen.

Tag 2

Den Ofen auf höchste Temperatur, also auf 250 °C (Ober-/Unterhitze) bzw. 280 °C bei einem professionellen Gerät, vorheizen. Den Teig in Portionen à 40 g teilen. Alle Teigstücke auf einer bemehlten Arbeitsfläche etwa 2 mm dünn in der jeweiligen Wunschform ausrollen. Auf Backpapier legen und portionsweise 3–5 Minuten backen, bis die Knäckebrote eine dunkle goldbraune Farbe angenommen haben. Auf ein Kuchengitter legen, bis sie abgekühlt und knusprig geworden sind.

Nicht nur in den meisten Haushalten sind gekochtes Ei und Toast zum Frühstück sehr beliebt, auch in Cafés werden sie häufig angeboten. Üblicherweise werden die Eier in Eierbechern serviert, von denen viele Familien und Cafés ein ganzes Sammelsurium haben. Es spielt keine Rolle, wenn sie nicht zusammenpassen, eigentlich ist das sogar Teil der »hygge«-Atmosphäre.

GEKOCHTE EIER

Für 4 Personen ■ Zubereitungszeit: 2 Minuten ■ Kochzeit: 5–9 Minuten

Zutaten

4 große Bio-Eier, zimmertemperiert

Einen kleinen bis mittelgroßen Topf Wasser zum Kochen bringen, dann die Temperatur auf ein leichtes Sieden reduzieren. Das Ei bzw. die Eier vorsichtig ins Wasser geben und den Küchenwecker stellen. Sobald die Eier fertig sind, aus dem Wasser nehmen und mit Toast servieren.

5 Minuten

Sehr flüssiges Eigelb.
Perfekt, um das Ei aus der Schale zu löffeln und Toast hineinzutunken.

6 Minuten

Festes Eiweiß & flüssiges Eigelb.
Auch gut, um das Ei aus der Schale zu löffeln und Toast hineinzutunken.

7 Minuten

Festes Eiweiß, weiches Eigelb.
Perfekt für einen Toast mit Ei und Speck.

8 Minuten

Wachsweiches Eigelb.
Gut für Salate und *smørrebrød*.

9 Minuten

Hartgekocht.
Hervorragend in Scheiben zu schneiden oder für *smørrebrød* kleinzuhacken.

Liebstöckel, auch als Maggikraut bekannt, schmeckt nach Sellerie. Weil es so kräftig im Geschmack ist, sollte es gemischt mit anderen Kräutern wie zum Beispiel Petersilie verwendet werden, damit sein Aroma das Gericht nicht zu sehr beherrscht.

SPIEGELEI
mit Liebstöckel-Pesto

Für 4 Personen ■ Zubereitungszeit: 25 Minuten ■ Kochzeit: 5–8 Minuten

Zutaten

PESTO

100 g glatte Petersilie, ohne die langen Stängel
50 g Liebstöckel, plus ein paar Stängel zum Garnieren
50 g Pecorino, grob gerieben
100 g Walnusskerne, grob gehackt
200 ml Traubenkern- oder kalt gepresstes Olivenöl
1 Zitrone
Salz
schwarze Pfefferkörner, frisch gemahlen

ZUM ANRICHTEN

1–2 EL Traubenkern-, kalt gepresstes Olivenöl oder Butter zum Anbraten
4 große Bio-Eier
4 dicke Scheiben Sauerteigbrot, leicht geröstet

Das Pesto herstellen. Die Kräuter in einem Topf mit kochendem Wasser 30 Sekunden blanchieren. Herausschöpfen und in einer Schüssel mit eiskaltem Wasser abkühlen. Abgießen und in einem Geschirrtuch zum Trocknen leicht zusammenpressen. In einer Küchenmaschine mit dem Käse und den Walnüssen 10 Sekunden zerkleinern. Langsam das Öl zugeben, bis eine grobe Paste entstanden ist. Um ein flüssigeres Pesto zu erhalten, unter weiterem Rühren etwas mehr Öl zugeben. Einen Spritzer Zitronensaft zugeben und mit Salz und Pfeffer abschmecken.

Etwas Öl oder Butter in einer Bratpfanne 30 Sekunden erhitzen, dann die Pfanne ein wenig schwenken, damit der Boden der Pfanne bedeckt ist. Die Eier aufschlagen und in die Pfanne geben. Nach Wunsch braten.

Je eine Toastscheibe auf einen Teller legen, mit Pesto bestreichen und ein Spiegelei daraufgeben. Mit etwas Liebstöckel garnieren.

Dieser einfache Plunderteig enthält Hefe. Die Herstellung ist also etwas zeitaufwendig, da der Teig gehen muss. Sollten Sie es eilig haben, können Sie natürlich auf 500 g fertigen Blätterteig zurückgreifen. Verwenden Sie für die Füllung saisonales Obst.

»WIENERBRØD« Apfel-Plunderzopf

Für 8 Personen ■ Zubereitungszeit: 1¾ Stunden, plus 1 ½ Stunden zum Gehen ■ Backzeit: 30–40 Minuten

Zutaten

EINFACHER PLUNDERTEIG
150 ml Milch
50 g Zucker
1 TL Salz
250 g backstarkes Brotmehl (z. B. Weizenmehl Type 550)
250 g Weizenmehl Type 405
7 g Trockenhefe
1 mittelgroßes Ei
250 g Butter, in 8 Scheiben geschnitten, fest, aber nicht zu kalt

FÜLLUNG UND BELAG
225 g Apfelkompott (Seite 38)
225 g Äpfel, geschält und in etwa 1 cm dicke Scheiben geschnitten
100 g Mandel- oder Pekannusskerne, gehackt
2 EL Muscovado-Zucker
1 Eigelb, mit 2 EL Milch verquirlt

Milch, Zucker und Salz leicht erwärmen. Alles Mehl und die Hefe in einer Küchenmaschine vermengen. Langsam zunächst die Milch und dann das Ei zugeben und 1–2 Minuten kneten. Den Teig in einer geölten Schüssel an einem warmen Ort 1 Stunde gehen lassen.

Den Teig zu einem großen, etwa 1 cm dicken Rechteck ausrollen und die Butterscheiben auf dem mittleren Teigdrittel gleichmäßig verteilen. Die äußeren Teigdrittel über die Butter falten, sodass diese eingeschlossen ist. Die Teigkanten rundherum festdrücken. Das Teigstück um 90° drehen und zu einem 50 x 30 cm großen Rechteck ausrollen. Den Teig erneut in drei Schichten falten, zudecken und 15 Minuten kalt stellen. Diesen Vorgang dreimal wiederholen.

Den Teig zu einem 50 x 30 cm großen Rechteck ausrollen. Das Apfelkompott längs auf dem mittleren Teigdrittel verstreichen. Die Apfelscheiben darauf verteilen. Zucker und Nüsse vermengen und beiseitestellen.

Den Teig von beiden Seiten her nicht ganz bis zum belegten Teigdrittel hin in 2 ½ cm lange Streifen schneiden, mit etwas Wasser bepinseln und über die Füllung flechten. An einem warmen Ort 30 Minuten gehen lassen.

Den Ofen auf 180 °C (Ober-/Unterhitze) vorheizen. Den Plunderzopf mit dem verquirlten Ei bepinseln und mit der Nuss-Zucker-Mischung bestreuen. 30–40 Minuten backen, bis er aufgegangen. Abkühlen lassen.

In Dänemark wird dieses klassische Hefegebäck traditionell mit Zimt, in Schweden dagegen mit Kardamom gewürzt. Derzeit steht aber auch in Kopenhagen die Kardamom-Variante hoch im Kurs.

»KANEL SNURRE« Zimtbrötchen

Ergibt 12 Brötchen ■ Zubereitungszeit: 1 Stunde, plus 2 ½ Stunden zum Gehen ■ Backzeit: 25–30 Minuten

Zutaten

350 ml Vollmilch
2 Zimtstangen oder 6 Kardamomkapseln, im Mörser grob zerstoßen
200 g Butter, gewürfelt
500 g Weizenmehl Type 405
225 g Zucker
7 g Trockenhefe
2 EL gemahlener Zimt oder Kardamom
½ TL Salz
2 TL Sonnenblumenöl, zum Einölen
1 Eigelb, mit 2 EL Milch verquirlt, zum Bepinseln
2–3 EL Hagelzucker (optional)

Milch, Zimtstangen bzw. Kardamomkapseln und 50 g Butter leicht erwärmen. Mehl, 75 g Zucker, Hefe, 1 TL gemahlenen Zimt oder Kardamom und das Salz in einer Schüssel mischen. Die Zimtstangen bzw. Kardamomkapseln entfernen, die Milch langsam zur Mehlmischung geben und mit dem Knethaken einer Küchenmaschine zu einem geschmeidigen Teig verkneten. In eine geölte Schüssel geben und an einem warmen Ort gehen lassen, bis sich das Teigvolumen verdoppelt hat.

Für die Gewürz-Zucker-Mischung den übrigen gemahlenen Zimt bzw. Kardamom mit 150 g Zucker vermengen. 3 EL zurückbehalten, den Rest des Gewürzzuckers mit der übrigen Butter mischen.

Den Teig nochmals verkneten und auf einer bemehlten Arbeitsfläche zu einem 35 x 45 cm großen Rechteck ausrollen und mit der Gewürzbutter bestreichen. Von der einen Längsseite her bis zur Mitte falten, dann den Teig von der anderen Seite darüberfalten, sodass ein kleineres Rechteck entsteht. Dieses dann in zwölf 3 ½ x 11 cm breite Streifen schneiden. Jeden Streifen nochmals mittig in zwei schmalere Streifen schneiden, dabei darauf achten, dass er an einem Ende nicht durchtrennt wird. Die beiden entstandenen Streifen in die entgegengesetzte Richtung jeweils dreimal um sich selbst zwirbeln und zu einem Knoten formen. Die beiden Enden unter den Knoten stecken. Die Brötchen auf zwei mit Backpapier versehene Backbleche legen, zudecken und an einem warmen Ort gehen lassen, bis sie ihre Größe verdoppelt haben.

Den Ofen auf 190 °C (Ober-/Unterhitze) vorheizen. Die Brötchen mit dem verquirlten Ei bepinseln und nach Belieben mit dem Hagelzucker bestreuen. Im Ofen backen, bis sie leicht goldbraun geworden sind.

Den übrigen Gewürzzucker mit 50 ml Wasser erhitzen, bis er sich aufgelöst hat, dann 3 Minuten zu einem Sirup einkochen. Abkühlen lassen. Die Brötchen während des Abkühlens zwei- bis dreimal mit dem Sirup bepinseln.

KORNBY MØLLE
Hvedemel nr. 1
produktionsdato & batch nr.:
18-05-2018
bedst før: 18-02-2019
vægt 12.5 kg

Bäckereien

Weit muss man am frühen Morgen in den kleinen Straßen Kopenhagens nicht gehen, bis einem der Duft von frisch gebackenem Brot in die Nase steigt. In kleinen wunderschönen offenen Backstuben kann man jungen hippen Bäckern dabei zusehen, wie sie mit alten Getreidesorten und langsam gärendem Natursauerteig experimentieren.

Die verschiedenen Brotsorten wie Sauerteigbrot, Kastenweißbrot (*formbrød*) und Roggenbrot sind das eine, aber dann gibt es ja auch noch die Brötchen (*rundstykker*) – ob Mohnbrötchen (*håndværkere*), Hörnchen (*gifler*) oder Weizenbrötchen (*hvedestykker*) – da hat jeder so seine Favoriten. Außerdem verwenden die jungen Vertreter der Bäckerzunft traditionelle Gewürze wie Zimt, Kardamom und Mohn und kreieren damit auch süße Teilchen, die sie in den knusprigsten und köstlichsten Frühstücksgenuss verwandeln, den man sich nur vorstellen kann.

Diese dänischen Backwaren werden mit einer dünnen Schicht Marzipan und Butter gefüllt und dann mit Mohn überzogen, wodurch sie eine knusprige Textur und eine leichte Haselnussnote haben.

»TEBIRKES« Mohnplunderteilchen

Ergibt 12 Stück ■ Zubereitungszeit: 1 Stunde, plus 30 Minuten zum Gehen ■ Backzeit: 20 Minuten

Zutaten

100 g Marzipanrohmasse, gekühlt und geraspelt
100 g Zucker
100 g weiche Butter
1 Portion einfacher Plunderteig (Seite 26)
2 EL Öl
1 Eigelb, mit 2 EL Wasser verquirlt, zum Bepinseln
100 g Blaumohnsamen

Die Marzipanrohmasse, den Zucker und die Butter in einer Küchenmaschine oder einem (Stand-)Mixer zu einer geschmeidigen Masse verarbeiten. Beiseite stellen.

Den Teig auf einer leicht bemehlten Arbeitsfläche zu einem etwa 40 x 25 cm großen und 3 mm dicken Rechteck ausrollen. Die Marzipanbutter längs auf das mittlere Teigdrittel verteilen. Den Teig erst von der einen Seite nach innen über die Füllung falten und mit etwas Wasser bestreichen. Dann den Teig von der anderen Seite darüberfalten und das entstandene Teigstück in 5–6 cm breite Stücke schneiden. Auf zwei mit Backpapier belegte Backbleche geben und locker mit zuvor eingeölter Frischhaltefolie abdecken. An einem warmen Ort 30 Minuten, oder bis die Teigstücke ihr Volumen verdoppelt haben, gehen lassen.

Den Ofen auf 200 °C (Ober-/Unterhitze) vorheizen. Die Teilchen mit dem verquirlten Ei bepinseln und dick mit den Blaumohnsamen bestreuen. 20 Minuten backen, bis sie schön aufgegangen sind und eine knusprig-goldbraune Farbe angenommen haben. Sollte beim Backen etwas Marzipanfüllung herausgelaufen sein, die Teilchen einfach leicht abkühlen lassen, dann lassen sie sich im Ganzen anheben. Warm oder bei Zimmertemperatur genießen.

Wurst, Schinken und Käse zum Frühstück

In Cafés wird häufig ein einfaches Frühstück aus ein paar Scheiben Aufschnitt, Käse, Butter und Roggen- oder anderem Sauerteigbrot serviert. Man kann die Brote sogar belegen und einfach mitnehmen. Sehr praktisch.

Abbildung rechte Seite:

Geräucherter Kochschinken (oben links): Klassischer Kochschinken ist die perfekte Ergänzung zu Käse auf dem Frühstückstisch. Schulter- oder Beinschinken sind bei jedem Metzger und in jedem Feinkostladen erhältlich.

Rullepølse (unten rechts): Flach geklopfter Schweinebauch wird mit Salz eingerieben und 24 Stunden trockengeräuchert. Dann wird er mit Kräutern oder geschrotetem Pfeffer und Salz bestreut und eingerollt.

Geräucherte Schweinelende (unten links): Haut und Fett werden entfernt, dann wird die Schweinelende 2 Tage in Salzlake eingelegt, ehe sie drei weitere Tage zum Lufttrocknen aufgehängt und einige Stunden geräuchert wird.

Abbildung vorhergehende linke Seite 34:

Danbo (oben links): Gereifter halbfester Kuhmilchkäse. Die Rinde wird mit Bakterienkulturen gewaschen, um den Käse vor Schimmelbildung zu schützen und ihm ein leicht säuerliches, kräftiges Aroma zu verleihen.

Vesterhavsost (oben rechts): Dänischer Hartkäse aus Kuhmilch. Er hat eine trockene Textur und schmeckt recht salzig.

Bernstein Grubé (unten rechts): Cremiger Hartkäse aus Kuhmilch mit mildem, leicht salzigem Aroma.

Mycella (unten links): Dänischer Blauschimmelkäse aus Kuhmilch. Er hat ein kräftiges Aroma.

Dies ist ein traditionelles Gericht, das den ganzen Tag über serviert werden kann. Einzig die Wahl der übrigen Zutaten, die dem Getreidebrei beigefügt werden, wird durch die Tageszeit bestimmt. Hafer ist das Basisgetreide, aber auch Buchweizenflocken, Reis, Emmer, Quinoa, Gerste, Roggen oder eine beliebige Kombination ist denkbar. Verwenden Sie gerne alte Getreidesorten.

»GRØD« Haferbrei

Für 4 Personen ▪ Zubereitungszeit: 20 Minuten ▪ Kochzeit: 30 Minuten

Zutaten

EINFACHER HAFERBREI

120 g Haferflocken, Haferschrot, Gerste oder eine Mischung aus Hafer- und Roggenflocken

1 l Milch (auch pflanzliche Milch wie z. B. Cashew- oder Mandelmilch ist möglich)

1 TL Salz

APFELKOMPOTT

500 g Äpfel, geschält, entkernt und geviertelt

1–2 EL brauner Zucker

1 Vanilleschote, der Länge nach aufgeritzt

ZUM ANRICHTEN

2 Bananen, in Scheiben geschnitten

1–2 Äpfel, in kleine Stücke geschnitten

50 g Mandeln, geröstet und grob gehackt

Honig oder Milchkaramellsauce (Seite 40)

Das Getreide mit der Milch und dem Salz in einem Topf unter stetigem Rühren langsam zum Kochen bringen. Die Temperatur reduzieren, die *Grød* nicht vollständig mit einem Deckel abdecken und 20 Minuten auf niedrigster Stufe kochen, bis das Getreide gequollen und eingedickt ist, aber immer noch etwas Biss hat. Der Getreidebrei ist immer noch etwas flüssig.

Für das Apfelkompott die geviertelten Äpfel in 2 cm große Stücke schneiden. Zusammen mit dem Zucker, der Vanilleschote und 4 EL Wasser in einen Topf geben und bei geringer Temperatur zugedeckt 20 Minuten lang kochen lassen, bis die Äpfel verkocht sind. Nach Bedarf etwas mehr Zucker zugeben. Die Vanilleschote auskratzen und das Mark in das Apfelkompott geben. Die Schote wird nicht mehr benötigt.

Das Apfelkompott, die Bananenscheiben, die Apfelstückchen, Mandeln und Honig oder Karamellsauce nach Belieben auf den fertigen Haferbrei geben und servieren.

Toppings für Haferbrei

Sie können den einfachen Haferbrei auf Seite 38 nach Belieben mit weiteren Toppings verfeinern, um jeden Morgen in den Genuss eines anderen köstlichen Frühstücks zu kommen.

Geröstete Nüsse

Ergibt 225 g ■ Zubereitungszeit: 5 Minuten
■ Backzeit: 20 Minuten

Zutaten

225 g Mandel-, Cashew-, Haselnuss- oder Pistazienkerne
½ TL Salz
1 EL Muscovado-Zucker

Den Ofen auf 180 °C (Ober-/Unterhitze) vorheizen. Die Nüsse gut mit dem Salz und dem Zucker vermengen. Auf ein Backblech legen und 20 Minuten rösten.

Gefriergetrocknete Beeren

Für 1 Person ■ Zubereitungszeit: 5 Minuten
■ Kochzeit: keine

Zutaten

1 EL gefriergetrocknete Himbeeren, Kirschen oder Sanddorn (kleine orange Beeren, z. B. online erhältlich)

Für eine säuerliche und knusprige Note auf eine Schale Haferbrei streuen.

Gedünsteter Rhabarber & Joghurt

Für 4 Personen ■ Zubereitungszeit: 5 Minuten
■ Kochzeit: 20–25 Minuten

Zutaten

350 g Rhabarber, in Stücke geschnitten
75 g Muscovado-Zucker
50 g Himbeeren, Erdbeeren oder rote Johannisbeeren
1 Prise gemahlener Zimt oder Kardamom (optional)
1 großer EL Naturjoghurt

Den Rhabarber, den Zucker, 2–3 EL Wasser und die Beeren in einem Topf 20–25 Minuten kochen. Mit Zimt oder Kardamom verfeinern. Etwas Joghurt auf jede Schale Haferbrei geben und den Rhabarber darauflöffeln.

Milchkaramellsauce

Für 4 Personen ■ Zubereitungszeit: 5 Minuten
■ Kochzeit: 3 Stunden

Zutaten

1 Dose Kondensmilch (240 g)

Die Dose mit der Kondensmilch in einen Topf geben, so viel Wasser zugießen, dass die Dose bedeckt ist, dann mit einem Deckel nicht vollständig abdecken und bei geringer Temperatur 3 Stunden sieden lassen. Falls nötig, mehr Wasser zugeben. Ganz abkühlen lassen, dann die Dose öffnen und den Inhalt herauslöffeln.

Die Bäckerei Lille serviert nicht nur köstliches Roggen- und anderes Sauerteigbrot, sondern auch kleine Gerichte, die sich sowohl fürs Frühstück als auch fürs Mittagessen eignen. Einzelne Komponenten sind bereits vorbereitet, sodass das Essen auf Bestellung ganz leicht fertiggestellt werden kann.

FRISCHER KABELJAU mit Kichererbsen

Für 4 Personen ■ Zubereitungszeit: 1 Stunde, plus 8 Stunden zum Einweichen ■ Kochzeit: 1 ½ Stunden

Zutaten

KICHERERBSEN

500 g getrocknete Kichererbsen, über Nacht eingeweicht, dann abgegossen und -gespült
1 Lorbeerblatt
Salz

FISCHFOND

1 kg Fischkarkassen von weißfleischigem Fisch
½ Knolle Knoblauch
1 kleine Zwiebel, halbiert
1 EL Fenchelgrün
Salz

KABELJAU

675 g Kabeljaufilet, in große Stücke geschnitten
1 EL feines Salz
1 kleiner Bund glatte Petersilie

ZUM ANRICHTEN

4 dicke Scheiben Sauerteigbrot, geröstet
25 g Koriandergrün, Stängel und Blätter, gehackt
Saft von 1 Zitrone
Salz | schwarzer Pfeffer aus der Mühle
4 EL kalt gepresstes Olivenöl
4 weich gekochte Eier, halbiert

Die Kichererbsen und das Lorbeerblatt in einem Topf mit Wasser bedecken und zum Kochen bringen. Den Schaum auf der Oberfläche abnehmen, den Topf teilweise abdecken und die Kichererbsen 1 Stunde sieden lassen. Salzen, 15 Minuten weiterkochen und abgießen. Den Kabeljau salzen, abdecken und 1 Stunde in den Kühlschrank stellen.

Für den Fond die Fischkarkassen in einem großen Topf mit 4 Liter Wasser bedecken. Die übrigen Zutaten dazugeben, zum Kochen bringen und den Schaum auf der Oberfläche abnehmen. 30 Minuten sieden lassen, bis der Fond klar ist. Salzen und leicht abkühlen lassen, dann durch ein Passiertuch sieben.

Den Kabeljau in eine Pfanne geben und mit Wasser bedecken. Die Petersilie dazugeben und 5–8 Minuten sieden lassen, bis er gar ist. Er sollte nicht mehr glasig sein. Abkühlen lassen und dann vorsichtig in große Stücke zupfen.

Das geröstete Brot in eine Servierschüssel geben. 1 Liter Fond mit der Hälfte der Kichererbsen erhitzen. Vom Herd nehmen und den Fisch zugeben. Mit dem Zitronensaft, dem Olivenöl, Salz und Pfeffer abschmecken. 1 EL Koriandergrün unterrühren und die Suppe auf das Brot schöpfen. Mit den Eiern, übrigem Koriander und Pfeffer anrichten.

AUS DEM RÄUCHEROFEN

Geräucherte Speisen nehmen in der dänischen Esskultur eine gewichtige Rolle ein. Ursprünglich mag es darum gegangen sein, Nahrungsmittel haltbar zu machen, doch heute dreht es sich um ein Aroma, das allgemein sehr geschätzt wird. Fisch, Meeresfrüchte und Fleisch werden alle auf ihre ganz eigene Weise geräuchert. Hier wollen wir Sie mit einer Vielzahl an gängigen geräucherten Lebensmitteln bekannt machen und Ihnen zeigen, wie diese entweder als Teil eines Rezeptes fungieren oder aber auch ganz ohne »Beiwerk« serviert werden können.

»Sol over Gudhjem« (Sonne über Gudhjem), so lautet die traditionelle Bezeichnung für dieses Heringsgericht. Es handelt sich um einen Klassiker, der seinen Ursprung auf Bornholm hat. Die kleine Insel ist nicht nur bekannt für ihre Strände – viele Kopenhagener verbringen dort sehr gerne den Sommer – sondern auch für ihre Räuchereien.

»RØGET SILD« traditionell geräucherter Hering

Für 2 Personen ▪ Zubereitungszeit: 15 Minuten ▪ Kochzeit: keine

Zutaten

2 ganze Heringe

BEILAGEN

2 EL Schnittlauch, gehackt

4 Radieschen, hauchdünn geschnitten (wenn möglich, mithilfe einer Mandoline)

1 kleine Zwiebel, in dünne Ringe geschnitten

25 g Butter

2–4 dünne Scheiben Roggenbrot

1 Eigelb vom sehr frischen Bio-Ei

Meersalz

2–4 Schnittlauchblüten (optional)

Zum Servieren je einen geräucherten Hering auf einen Teller legen und auch die Beilagen gleichmäßig verteilen. Sollten Schnittlauchblüten erhältlich sein, die Blütenblätter abzupfen und auf die Teller streuen.

Die Brotscheiben leicht mit Butter bestreichen, die Fischhaut entfernen, das Fischfleisch in Stücke zupfen und auf das Brot geben. Mit den Zwiebelringen und den Radieschen belegen. Mit etwas Eigelb bestreichen und mit Meersalz und Schnittlauchblüten bestreuen.

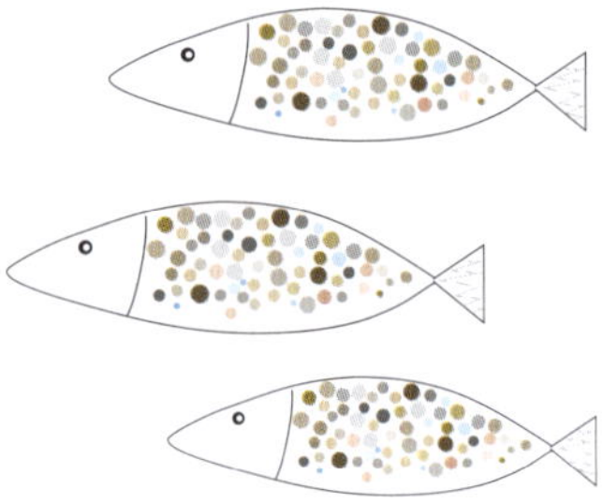

Heißgeräucherter Lachs wird mithilfe von Hitzezufuhr geräuchert, der Fisch wird dadurch butterzart und locker. Kaltgeräucherter Lachs wird dagegen bei niedriger Temperatur geräuchert. Das Fischeiweiß wird dabei nicht gekocht, daher rührt die sehr feine und saftige Textur des Fisches.

GERÄUCHERTER LACHS
heiß & kalt

Für 2 Personen ▪ Zubereitungszeit: 20 Minuten ▪ Kochzeit: 30 Minuten

Zutaten

100 g altbackenes Roggenbrot, sehr dünn geschnitten
50 g Parmesan, fein gerieben
4 EL Buttermilch
2 EL Traubenkernöl
2 EL Apfelessig
1 EL Schnittlauch, gehackt
1 EL glatte Petersilie, gehackt
Salz
schwarzer Pfeffer aus der Mühle
4 große Bio-Eier
1 Schuss Milch
15 g Butter
150 g heißgeräucherter Lachs
75 g Erbsenranken
50 g junger roter Spinat
50 g Wasserkresse
150 g kaltgeräucherter Lachs

Den Ofen auf 180 °C (Ober-/Unterhitze) vorheizen. Das Brot dünn mit Öl bepinseln und mit Parmesan bestreuen. Auf ein mit Backpapier ausgelegtes Backblech legen. 20 Minuten backen, bis es knusprig geworden ist.

In der Zwischenzeit ein Dressing aus der Buttermilch, dem Öl und dem Essig herstellen. Den Schnittlauch und die Petersilie untermischen und nach Belieben mit Salz und Pfeffer abschmecken.

Die Eier in einer Schüssel verquirlen, dann Milch und Salz zugeben und 1–2 Minuten schaumig schlagen.

Die Butter in einer Bratpfanne (Durchmesser 20 cm) erhitzen, bis sie leicht schäumt. Die Eier zugeben und 1–2 Minuten stocken lassen, dann mit einem Spatel von den Seiten aus in die Mitte schieben, sodass die noch flüssige Eimasse seitlich zu den Rändern herausläuft. Diesen Vorgang wiederholen, bis die Eier gestockt, aber noch nicht ganz fest sind.

Den heißgeräucherten Lachs vorsichtig mit einer Gabel in einer Schüssel zerteilen. 2–3 EL des Dressings und die Salatblätter dazugeben und alles vorsichtig schwenken.

Zum Anrichten den Salat mit dem heißgeräucherten Lachs auf zwei Schalen aufteilen, dann den kaltgeräucherten Lachs und dann das Rührei dazugeben. Zum Schluss die Roggencroûtons obenauf legen und mit dem übrigen Dressing servieren.

Räuchereien

Auch wenn das Räuchern im großen Stil nicht mehr in der Stadt stattfindet, gibt es doch immer noch einheimische Fischer, die gerne ihre Räucheröfen anheizen. Sie sind meist da zu finden, wo auch die Hobbyfischer sich die Zeit vertreiben. Nur wenige erhalten Zutritt zu diesen Ansammlungen alter baufälliger Schuppen. Mit etwas Glück hat man vielleicht ältere Verwandte oder Freunde, die einen dabei sein lassen oder einem zumindest etwas von ihrem frisch geräucherten Fisch verkaufen.

Glücklicherweise ist auch beim örtlichen Fischhändler oder im Supermarkt eine große Auswahl von geräuchertem Fisch aller Art erhältlich. Das ist gut, denn am Mittagstisch ist er unerlässlich.

Geräuchtertes Fleisch

Die kleinen Metzgerbetriebe in Kopenhagen verkaufen sowohl frische als auch geräucherte Fleisch- und Wurstwaren. Sie legen Wert auf artgerechte Haltung und sind stolz auf ihre Rezepte und ihre Technik. Häufig bieten sie auch eine Auswahl frischer Sandwiches und smørrebrød zum Mitnehmen an.

Speck (links): Dänemark und Speck gehören einfach zusammen. Es gibt eine riesige Auswahl, von industriell produzierten Sorten bis zu solchen, die in kleinen Metzgereien hergestellt werden. Es gibt zwei Methoden, traditionellen Speck herzustellen: Beim Nass-Pökeln wird er in eine Lake aus Salz, Nitritpökelsalz, Gewürzen und Zucker eingelegt. Wird Speck dagegen trocken gepökelt, wird er in einer Mischung aus Salz, Salpeter und Gewürzen eingelegt. Im Anschluss wird der Speck zum Trocknen und Reifen aufgehängt. Beide Methoden sorgen für den charakteristischen Geschmack eines nicht zu salzigen Specks, dessen Fleischaroma im Vordergrund steht. Häufig wird er mit der Schwarte geräuchert und ist beim Metzger entweder in dicken Scheiben oder auch hauchdünn geschnitten erhältlich.

Heißgeräucherte Würste (Mitte links): Gepökelte Lamm-, Rind- oder Schweinswürste werden für ihr charakteristisches Aroma von Holzasche im Räucherkamin aufgehängt. In getrocknetem Zustand können die Würste wie Salami verzehrt werden. Die dünnen Würste sind auch als »Bierwürste« (dän. *ølpølser)* bekannt und werden entsprechend gerne als Snack zu Bier gereicht. Hergestellt aus Rind- oder Schweinefleisch, werden sie gepökelt und leicht geräuchert.

Wild (Mitte rechts): In Buchenholz geräuchertes Wild ist in Dänemark sehr üblich. Sowohl Oberschale als auch Lende sind erhältlich und werden in dünnen Scheiben als Imbiss zu Getränken serviert.

Salami (ganz rechts): Das Angebot an verschiedenen Salamisorten ist vielfältig, von französischer Knoblauchsalami (in Leinen, mit den Streifen) bis zu ungarischer Rindersalami mit Paprika (in weißem Leinen), wird sie in Dänemark zu jeder Tageszeit serviert, sei es zum Frühstück, auf Sandwiches und *smørrebrød* oder als kleiner Imbiss zwischendurch.

Slagteren ved
Copenh

Alle Zutaten sollten in derselben Pfanne gebraten werden, damit auch das Rührei das Aroma des gebratenen Specks und der Würstchen annehmen kann. Sogar das Brot kann darin leicht geröstet werden.

FRÜHSTÜCK
Geräuchertes & Rührei

Für 2 Personen ■ Zubereitungszeit: 20 Minuten ■ Kochzeit: 25 Minuten

Zutaten
4–6 dünne Scheiben geräucherter Schweinebauch
10–15 kleine geräucherte Würstchen
4 Bio-Eier
2 EL Milch
Salz
schwarzer Pfeffer aus der Mühle
2–4 Scheiben Roggenbrot, geröstet
2 EL Dijonsenf

Den Speck in einer großen Pfanne bei mittlerer Temperatur 5–8 Minuten pro Seite braten, bis er zu brutzeln beginnt. An einen Rand der Pfanne schieben und die Würstchen in die Pfanne geben und 5–8 Minuten braten, bis sie Farbe annehmen. Dann ebenfalls an den Pfannenrand schieben.

Eier, Milch, Salz und Pfeffer verquirlen. Nur 2 EL des Bratfetts in der Pfanne belassen, die Eier hineingeben und 1–2 Minuten stocken lassen. Dann das Ei mit einem Spatel in die Mitte schieben, sodass das noch flüssige Ei seitlich zu den Rändern herausläuft. 3–5 Minuten lang die Eimasse auf diese Weise bearbeiten und dann mit dem Speck, den Würstchen, dem gerösteten Brot und Dijon-Senf servieren.

Geräucherter Fisch

Der dänische Begriff für Räucherei ist røgeri. Die an ihren Schornsteinen erkennbaren Räuchereien befanden sich ursprünglich in der Nähe von Dörfern und Fischerhäusern.

Auf Bornholm, dem beliebtesten Urlaubsziel von Kopenhagen, gibt es viele traditionelle Räuchereien, wo Fisch über Glut sanft geräuchert wird. Aber auch in Kopenhagen wurden kleinere Räuchereien errichtet, in denen einheimische Fischer für Freunde und Familie räuchern können.

Kaltgeräucherter Lachs (oben links): Auf welche Weise Lachs geräuchert wird, ist Geschmackssache. Manche hängen ihn während des Räuchervorgangs auf, andere bevorzugen es, ihn liegend zu räuchern. Letzterer ist sehr ölig und muss dünn geschnitten werden.

Weißfisch (unten rechts): Er wird wie Lachs filetiert und kaltgeräuchert. Serviert mit Knäckebrot, Zwiebelringen, Kapern, Schnittlauch und Sauerrahm.

Warmgeräucherte Forelle & Lachs (unten links): Beide können sowohl im Ganzen oder als Filet geräuchert werden. Das Fleisch ist sehr zart.

Geräucherter Hering (oben Mitte): Der rohe Fisch wird auf lange Stangen gefädelt und im Räucherkamin aufgehängt. Er kann aber auch aufgeklappt, entgrätet und flach auf den Grill gelegt werden, ehe er in den Kamin gehängt wird. Der Geschmack ist recht mild und passt gut zu Omelette und Salaten.

Geräucherter Aal (oben rechts): Das Aroma ist milder als das der Makrele. Eignet sich gut als Belag für Roggen- oder Knäckebrot.

Geräucherte Makrele (oben Mitte): Durch das Räuchern verliert die Makrele nicht ihr kräftiges Aroma, das Fleisch erhält im Gegenteil zusätzlich einen rauchigen Charakter. Die Fischhaut wird dabei grauschwarz und nimmt einen wunderbaren Goldton an. Geräuchert wird sie genauso wie der Hering.

Geräucherte Scholle (oben Mitte): Der Fisch wird gewaschen und im Ganzen geräuchert. Er wird direkt gegessen oder aber gebraten. Servieren Sie ihn mit Roggenbrot, Butter, roten Zwiebelscheiben und eingelegtem Gemüse.

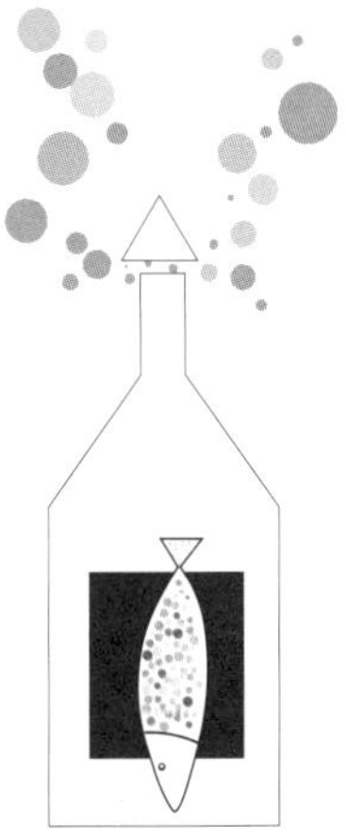

Rygeost ist die dänische Version von Ricotta: Allerdings ist er etwas fester und hat einen leicht säuerlichen Geschmack sowie das charakteristische Raucharoma. Man kann ihn ganz leicht zu Hause selbst herstellen. Mit Salat, Kräutern und knusprigem Bauern- oder auch Knäckebrot macht er sich sehr gut zum Brunch oder Mittagessen.

»RYGEOST« Auf Heu geräucherter Käse

Für 4 Personen ▪ Zubereitungszeit: 15 Minuten, plus 2 Stunden zum Abtropfen ▪ Kochzeit: 10 Minuten, plus 2 Minuten zum Räuchern

Zutaten

2 l Bio-Vollmilch
200 g Bio-Buttermilch
1 TL Meersalz
3–5 Tropfen Lab
½ TL Meersalzflocken
1 TL Kümmelsamen

ZUM RÄUCHERN

1 große Handvoll Heu- oder Haferstroh, einige frische und feuchte Brennnesselblätter (optional)

Milch, Buttermilch und Salz in einem großen Topf auf 26 °C erwärmen. Das Lab zugeben und eine Stunde stehen lassen, bis die Mischung zu Käsebruch geronnen ist.

Ein Sieb mit einem Passiertuch auslegen, den Käsebruch hineinfüllen und 1 Stunde abtropfen lassen. Die Molke abgießen, sie wird nicht mehr benötigt.

Eine gelöcherte Käseform (Durchmesser etwa 10 cm, Tiefe: etwa 5 cm) mit einem Passiertuch auslegen. Den Käsebruch nach Bedarf etwas stärker salzen und in die Käseform füllen. Über einer Schüssel 1 Stunde abtropfen lassen.

Zum Räuchern das Heu nass machen, auf dem Boden einer Pfanne verteilen und gegebenenfalls die Nesseln zufügen. Ein Kuchengitter obenauf legen, den Käse aus der Käseform auf das Gitter stürzen und das Passiertuch entfernen. Das Heu erhitzen, sobald Rauch zu sehen ist, den Deckel auf die Pfanne geben und den Käse ½–1 Minute räuchern. Den Käse umdrehen, den Deckel erneut auflegen und weitere 30 Sekunden räuchern.

Mit Kümmelsamen und Meersalz würzen und mit Knäckebrot und Gemüse servieren.

Christania
Bike

MITTAGESSEN

Beim Mittagessen soll es schnell gehen, oft will man nur rasch etwas »auf die Hand« mitnehmen. Tatsächlich stehen in Kopenhagen auch dabei liebevolle Zubereitung und Genuss im Vordergrund. Ein smørrebrød kann man mitnehmen, am Tresen oder auch im Restaurant essen – für gewöhnlich ist es aber in jedem Fall ein aufwendig belegtes Brot, bei dem alle Zutaten sorgfältig aufeinander abgestimmt sind. Hering und Schnaps spielen bei dieser Mahlzeit ebenfalls keine unwesentliche Rolle.

Rokkedysse
Bær

Hering

Dänemark liegt am Wasser – 7314 km misst die Küste dort insgesamt. Bestimmt rührt daher die große Vorliebe der Dänen für Fisch und ganz besonders für Hering. Schon zu Zeiten der Wikinger wurde er mithilfe von Salz haltbar gemacht, im Mittelalter wurde er zum selben Zweck in Essig eingelegt.

Hering einlegen

Es gibt eine Vielzahl traditioneller Methoden, Hering einzulegen. Sie alle gehen zurück auf Zeiten, zu denen es noch nicht so ausgefeilte Kühlmöglichkeiten gab wie heute.

Zunächst wird frischer Hering ausgenommen und bis zur Weiterverarbeitung im Ganzen mit viel Salz konserviert. Er wird in großen Dosen verkauft und kann bis zu einem Jahr aufbewahrt werden.

Werden die eingesalzenen Heringe weiterverwendet, müssen sie zunächst filetiert werden, indem Kopf, Schwanz und Haut entfernt werden. Um den enormen Salzgehalt des Fisches zu reduzieren, werden die Filets im Anschluss bis zu 48 Stunden in Wasser eingeweicht. Beim Fischhändler gibt es auch bereits eingeweichten Hering zu kaufen. Er wird zum Einlegen (weißer Hering) und zum Marinieren (roter Hering) verwendet.

Eingelegter bzw. marinierter Hering wird häufig als Teil eines feierlichen Buffets serviert, aber auch im Alltag zum Mittag- oder Abendessen. Die Auswahl an Beilagen hängt ganz von der Gelegenheit ab. Zu besonderen Anlässen wird eingelegter Hering auf einer großen Platte angerichtet und mit gehackten oder in Scheiben geschnittenen gekochten Eiern, Kapern und gehackten roten oder weißen Zwiebeln serviert. Mayonnaise, Sauerrahm oder Crème fraîche mit Dill sowie leicht geröstetes Roggenbrot gehören ebenfalls unbedingt dazu. Letztlich ist es aber reine Geschmackssache, wie der Hering verfeinert wird.

In diesem Kapitel finden Sie auch ein Rezept für frischen, gebratenen Hering in Essig (Seite 72).

Hausgemachter eingelegter weißer Hering wird gerne als Belag für smørrebrød verwendet. Klassischerweise wird er mit Koriandersamen, Senfkörnern und Gewürznelken verfeinert, aber natürlich haben viele ihre eigenen Hausrezepte. Man kann beispielsweise weitere Gewürze wie etwa Zimtstangen, Pimentkörner, Lorbeerblätter oder auch Zitrusschalen hinzufügen.

HERING weiß mariniert

Ergibt 12 Stück ▪ Zubereitungszeit: 30 Minuten, plus 6 ½ Stunden zum Einweichen und 3 Tage zum Kühlen ▪ Kochzeit: 30 Minuten

Zutaten

8 eingesalzene Heringe, bis zu 6 Stunden eingeweicht
2 TL Koriandersamen
2 TL Pimentkörner
2 TL Senfkörner
1 TL ganze Gewürznelken
2 TL schwarze Pfefferkörner
1 Zimtstange, halbiert
150 ml Apfelessig
150 ml trockener Sherry oder Weißwein
75 g Zucker
2 Lorbeerblätter
2 Streifen Zitronenschale
1 Zwiebel, in Scheiben geschnitten

Die Heringsfilets in eine Schüssel geben und mit Wasser bedecken. Nach 30 Minuten das Wasser abgießen und den Fisch mit Küchenpapier trockentupfen.

In der Zwischenzeit alle Gewürze in eine tiefe Pfanne geben und 2–3 Minuten ohne Fett anrösten. Den Essig, 150 ml Wasser, den Sherry, den Zucker, die Lorbeerblätter und die Zitronenschale hinzugeben. Die Pfanne schwenken, damit der Zucker sich auflöst, dann die Temperatur erhöhen und die Flüssigkeit zum Kochen bringen. 20 Minuten köcheln und dann abkühlen lassen.

Die Heringe in 5 cm breite Streifen schneiden und in ein sauberes Vorratsglas oder eine wiederverschließbare Frischhaltedose aus Kunststoff geben. Die Zwiebel in Scheiben hinzufügen und die abgekühlte Lake darübergießen. Fest verschließen und vor dem Verzehr für 3 Tage in den Kühlschrank stellen. Im Kühlschrank hält der eingelegte Hering etwa 7 Tage.

Dieser Hering kann gegessen werden wie er ist, er dient aber auch oft als Basis für verschiedene Saucen und lässt sich zum Beispiel zu Curryhering weiterverarbeiten (Seite 72). Verwenden Sie Sandelholz als natürliche rote Lebensmittelfarbe und die Konservierungsmittel Salpeter und Zitronensäure, um dem Fisch sein typisches Aroma zu verleihen.

HERING rot mariniert

Ergibt 1 kg (etwa 12 Portionen) ■ Zubereitungszeit: 45 Minuten, plus 6 Stunden zum Einweichen und 2 Wochen zum Marinieren ■ Kochzeit: keine

Zutaten

1 kg eingesalzene Heringsfilets, mindestens 6 Stunden oder über Nacht eingeweicht
1 TL Pimentkörner
½ TL rotes Sandelholzpulver
1 TL ganze Gewürznelken
1 TL gemahlener Ingwer
7 g Oregano
2 Lorbeerblätter
1 TL Salpeter
1 TL Zitronensäure
250 g Muscovado-Zucker
125 g grobes Meersalz
375 ml Essig

Die Heringsfilets mit Küchenpapier trockentupfen.

Für die Marinade die Gewürze mit dem Salpeter und der Zitronensäure in einen Mörser geben und leicht zerstoßen. Mit dem Zucker und dem Salz vermengen.

Den Fisch in 5 cm große Stücke schneiden. Etwas Einmachsalz auf den Boden eines großen wiederverschließbaren Glases oder einer Frischhaltedose aus Kunststoff verteilen und Lage für Lage abwechselnd Fisch und Einmachsalz hineinschichten. Dann den Wein und 125 ml Wasser vermischen und über den Hering gießen, bis er vollständig bedeckt ist. Möglicherweise ist etwas mehr Wasser nötig. Fest verschließen und 2 Wochen kalt stellen. Im Kühlschrank hält er sich bis zu einem Monat. Mit Senf, Mayonnaise, *krydderfedt* (Bratenfett oder alternativ zerlassenem Speck oder Schweineschmalz), Kapern, roten Zwiebelscheiben, Dill und Roggenbrot servieren.

Die Dänen haben eine Vorliebe für die Verwendung starker Gewürze in der Küche – ganz besonders zum Verfeinern und Einmachen ihres geliebten Herings. Dieses Rezept stammt von Lise Rudolph, der Mutter der Autorin dieses Buches, Christine Rudolph.

»KARRYSILD« Hering in Currysauce

Für 4 Personen ■ Zubereitungszeit: 10 Minuten ■ Kochzeit: keine

Zutaten

2 gehäufte EL Mayonnaise
100 g Crème fraîche oder Sauerrahm
2 TL Madras Currypulver
1–2 EL Heringsmarinade
225 g rot marinierter Hering (Seite 69)
Salz
schwarzer Pfeffer aus der Mühle

Mayonnaise und Crème fraîche bzw. Sauerrahm in einer kleinen Schale vermengen. Currypulver und Heringsmarinade hinzufügen. Mit Salz, Pfeffer und bei Bedarf noch etwas mehr Currypulver abschmecken. Den Hering unterziehen.

Dünn geschnittenes Roggenbrot mit Bratenfett, zerlassenem Speck oder Schmalz bestreichen. Dann Hering in Currysauce daraufgeben und mit gekochten Eiern und Mayonnaise servieren.

Mittags wird dieser Hering kalt auf Roggenbrot serviert. Geben Sie ein paar der eingelegten roten Zwiebeln dazu und legen Sie nach Belieben noch dünn gehobelte Gurken und mehr Dill oder Petersilie obenauf. Am Abend wird er gerne mit Kartoffeln gegessen. Sie saugen die feinen Essigaromen gut auf.

GEBRATENER HERING in Essig

Für 4 Personen ▪ Zubereitungszeit: 45 Minuten ▪ Kochzeit: 30 Minuten

Zutaten

EINMACHESSIG
200 g Rohrohrzucker
2 Lorbeerblätter
10 schwarze Pfefferkörner
5 weiße Pfefferkörner
1 EL getrocknete Chilischoten, zerstoßen (optional)
1 rote Zwiebel, in feine Scheiben geschnitten
400 ml heller Essig (Tafel- oder Apfelessig)

HERING
8 frische Heringe, ausgenommen, entgrätet und der Länge nach aufgeklappt (Reingewicht etwa 1 ½ kg)
Salz
2 EL Dijonsenf
2 EL Dill, grob gehackt
2 EL glatte Petersilie, grob gehackt
50 g Roggenmehl
50 g Butter

200 ml Wasser, Zucker, Lorbeerblatt, Pfefferkörner und Chiliflocken in einem hohen Topf erhitzen und gut rühren, um den Zucker aufzulösen. Zum Kochen bringen, dann 20 Minuten sieden lassen. Während der letzten 5 Minuten die feinen roten Zwiebelscheiben hinzufügen. Von der Herdplatte nehmen und den Essig dazugeben. Abkühlen lassen.

Die Heringe salzen, dann die Innenseiten mit etwas Senf bestreichen, mit ein wenig Dill und Petersilie bestreuen und zusammenklappen. Mehl und etwas Salz auf eine flache Platte geben und mit einer Gabel vermischen.

Den Fisch gründlich im Mehl wälzen, überschüssiges Mehl abklopfen.

Die Butter in einer großen beschichteten Pfanne schmelzen, die Heringe hineingeben und mit dem Pfannenwender leicht nach unten drücken. Auf jeder Seite 4 Minuten braten, bis sie außen knusprig braun sind. Auf Küchenpapier abtropfen lassen und in eine große flache Schüssel legen. Den Einmachessig daraufgießen und ruhen lassen, bis Zimmertemperatur erreicht ist. Abdecken und vor dem Servieren mindestens 12 Stunden kalt stellen.

HERR
GÅRDS
AQUAVIT
KUMMINKRYDDAD
SPETSAD MED MALTWHISKY
LAGRAD PÅ SHERRYFAT
AALBORG
GULD MEDAILLE
VERDENSUDSTILLINGEN
PARIS 1900
70 cl
DE DANSKE

Smørrebrød

Ohne smørrebrød geht in Kopenhagen mittags gar nichts. Es gilt als »das« dänische Nationalgericht und ist auf der ganzen Welt beliebt. Es gibt also viele unterschiedliche Meinungen dazu, wie das perfekte smørrebrød auszusehen hat – dieses oder jenes Brot, Butter oder Mayonnaise, gebratener oder sautierter Fisch, geviertelte Eier oder Eier in Scheiben – die Liste ließe sich beliebig fortsetzen. Die belegten Brote sind von der Brotzeitbox bis hin zum edlen Restaurant überall zu finden. Und sogar, wenn es sich nur um eine Einladung zu einem ganz einfachen Mittagessen zu Hause handelt, werden Sie aus mehreren Brotsorten und etlichen Belägen, wie z. B. dem klassischen Ei und Krabben, wählen können.

Smørrebrød: 2 Trends

Vor nicht allzu langer Zeit wurde der Trend zum smørrebrød zum Mittagessen wiederbelebt. Das ist den jungen Köchen zu verdanken, die sich der sogenannten »New Nordic Cuisine« verschrieben haben, laut der alle Komponenten des belegten Brotes einander optimal ergänzen sollen. Hier eine traditionelle und eine moderne Variante des klassischen smørrebrød mit Ei und Fisch.

Modernes smørrebrød (oben)

BROT: eine kleine Scheibe Roggen-, Sauerteig- oder Vollkornbrot

AUFSTRICH: Crème fraîche, Meerrettichsahne, Zitronenmayonnaise

FISCH: Gebeizter oder geräucherter Lachs

WEICH GEKOCHTES EI: geviertelt, das Eigelb ist immer noch goldgelb und in der Mitte beinahe marmeladenhaft

SALAT: gehobelter Fenchel in Zitronensaft oder Sauerkraut, evtl. aus Fenchel, Gurken oder Blattgemüse wie etwa Mangold

ZUSÄTZLICH: knusprige Roggenbrotbrösel

GARNIERT: mit glatter Petersilie, Sprossen wie rotem oder grünem Basilikum, Shisoblättern, Senf- oder Radieschenkresse

Traditionelles smørrebrød (unten)

GERÖSTETES BROT: Roggen- oder weißes Landbrot, ganze oder halbierte Scheiben

SALAT: ein Blatt von einem grünen Salat, manchmal außerdem eine Gurke oder Tomate

HART GEKOCHTES EI: das Eigelb ist sehr fest und das Ei wird meist mit einem Eierschneider in Scheiben geschnitten

AUFSTRICH: Mayonnaise oder Sauerrahm

FISCH: gekochte Krabben

GARNIERT: mit einer Zitronen- und einer Gurkenscheibe und fast immer mit Dill

Dieses traditionelle Gericht mit Scholle (in zwei Varianten) auf geröstetem Brot wird bei Schønnemann seit vielen Jahren serviert. Einheimische wie Touristen essen in dem Restaurant seit 1877 gerne zu Mittag.

»STJERNESKUD« Scholle paniert & pochiert

Für 1 Person ▪ Zubereitungszeit: 30 Minuten ▪ Kochzeit: 10 Minuten

Zutaten

THOUSAND ISLAND DRESSING
je 3 EL Mayonnaise und Weißwein
2 TL Tomatenketchup
½ TL Paprikapulver, rosenscharf
1 TL Worcestersauce

KNUSPRIGE SCHOLLE
2 Schollenfilets à etwa 75 g
Salz
1 Ei, verquirlt
1 EL Weizenmehl
4 EL *Panko* (japanisches Paniermehl, Asialaden)
neutrales Öl, zum Ausbacken

GEDÄMPFTE SCHOLLE
75 ml trockener Weißwein
1 Schollenfilet, etwa 100 g
Salz

ZUM ANRICHTEN
1 Scheibe Weißbrot, geröstet
1 TL Butter
3 EL Mayonnaise
8–10 gekochte Krabben, gepult
1 EL schwarzer Kaviar
½ Limette, geviertelt
1 Stängel Dill

Für das Thousand Island Dressing alle Zutaten mischen und beiseitestellen.

Für die knusprige Scholle den Fisch salzen. Zuerst im Mehl, dann im Ei und schließlich im *Panko* wälzen. Viel Öl in einer tiefen Pfanne auf 170 °C erhitzen und den Fisch 3–4 Minuten ausbacken, bis er goldbraun und gar ist. Auf Küchenpapier abtropfen lassen.

Für die gedämpfte Scholle den Wein in einem kleinen Topf erhitzen. Den Fisch salzen und in der Mitte zusammenklappen. Vorsichtig in den Topf geben, abdecken und 3 Minuten dämpfen, bis er nicht mehr glasig ist.

Zum Anrichten das Brot buttern, mit Dressing beträufeln, auf einen Teller geben und den Fisch dazulegen. Dann die Mayonnaise und die Krabben auf eine Seite des Fisches drapieren und daneben den Kaviar löffeln. Mit dem Dill und einem Limettenviertel servieren.

SMØRREBRØD
KOLDT & LUNT ~ den "lille" FROKOST ANRETNING ~
HAUSER PLADS 16-18 ✱ KØBEN
+45 33 12 07 85 www.danskfroko
ÅBNINGSTIDER: MANDAG ~ LØRDAG 11:
FROKOST SERVERES: 11:30 - 14:00, 13.00 – 17:00 eller 14
LUKKET SØN- OG HELLIGDAGE
Sidste bestilling 15:30, køkken åbent til 16:00

Für ein wahres rejemad werden ausschließlich winzige Nordseekrabben, auch Fjordrejer genannt, verwendet. Sie müssen hoch aufgetürmt werden. Dieses Rezept ist eine moderne Version des Klassikers, wie er von den Köchen im Palægade serviert wird. Dort werden die Krabben, zusammen mit Zitronenmayonnaise, Dill und Kapuzinerkresse, turmhoch auf Toast geschichtet.

»REJEMAD«
Smørrebrød mit Krabben

Ergibt 2 Stück ■ Zubereitungszeit: 30 Minuten ■ Kochzeit: 5 Minuten

Zutaten

300 g Nordseekrabben oder kleine Garnelen
1 EL Salz
Saft von 1 Zitrone
2 Scheiben Vollkornweizentoast, geröstet
1 Handvoll Kapuzinerkresseblätter
ein paar Stängel Dill

ZITRONENMAYONNAISE
2 Eigelb
1 TL Dijonsenf
1 Knoblauchzehe, sehr fein gerieben
125 ml neutrales Öl (z. B. Sonnenblumenöl)
Meersalz
schwarze Pfefferkörner, grob zerstoßen
2 EL Zitronensaft

Für die Mayonnaise Eigelbe, Senf, Knoblauch, eine Prise Salz und Öl mit einem Pürierstab cremig mixen. Bei Bedarf noch mit etwas Salz nachwürzen. Den Zitronensaft zugeben und weitermixen, bis die Mayonnaise sehr dick geworden ist und in einen Spritzbeutel gefüllt werden kann.

Für die Krabben einen Topf Wasser zum Kochen bringen. Das Salz und den Zitronensaft und dann die Krabben hineingeben. 3–4 Minuten kochen, bis sie eine hellrosa Farbe angenommen haben. Abgießen und in eine Schüssel mit eiskaltem Wasser geben. Die Krabben pulen und mit Salz, Pfeffer und Zitronensaft nach Belieben abschmecken.

Je eine Toastscheibe auf einen Teller legen und die Krabben daraufschichten. Dann die Zitronenmayonnaise mit dem Spritzbeutel zwischen die Krabben tupfen. Die Kräuter dazugeben und mit zerstoßenen schwarzen Pfefferkörnern und Meersalz bestreuen.

Im Øl og Brød by Mikkeler kombiniert Chefkoch Ben Coughlan traditionelles dänisches Rindertatar, das mit rohem Eigelb auf Roggenbrot serviert wird, mit einem modernen smørrebrød. Zum Schluss noch Zwiebeln in Bierteig obendrauf. Perfekt.

RINDERTATAR mit Zwiebelringen

Ergibt 2 Brote ▪ Zubereitungszeit: 30 Minuten ▪ Kochzeit: 10 Minuten

Zutaten

150 g Rindfleisch von der Oberschale, pariert und kleingewürfelt
Salz
schwarzer Pfeffer aus der Mühle
1 EL grobkörniger Senf
1 TL kalt gepresstes Olivenöl
50 g eingelegte Rote Bete (Seite 100)
100 g Mayonnaise
2 Eigelb von sehr frischen Bio-Eiern
2 Scheiben Vollkornbrot

ZWIEBELRINGE
200 ml dunkles Bier
50 g Weizenmehl Type 405
1 Zwiebel, in 2 cm breite Ringe geschnitten
neutrales Öl zum Ausbacken
Salz
ein paar Blätter Sauerklee (optional)

Für die Zwiebelringe Mehl und Bier in einer Schüssel vermengen, dabei das Mehl nach und nach zugeben, bis ein dicker Teig entstanden ist. Die Zwiebelringe mit Mehl bestauben. Genug Öl zum Ausbacken in einer tiefen Pfanne auf 180 °C erhitzen. Die Zwiebelringe in den Bierteig tauchen und dann vorsichtig im heißen Öl ausbacken, bis sie rundherum goldbraun sind. Aus der Pfanne nehmen, abtropfen lassen und salzen.

Das Fleisch mit Salz, Pfeffer, Senf und einem Spritzer Olivenöl würzen. 10 Minuten ruhen lassen, dann nochmals nach Bedarf abschmecken. Die Mayonnaise gut pfeffern und in einen Spritzbeutel geben.

Zum Anrichten je eine Brotscheibe auf einen Teller legen, das Rindertatar darauf verteilen und je ein Eigelb in die Mitte geben. Dann die Mayonnaise auf das Tatar tupfen. 2–3 ausgebackene Zwiebelringe obenauf legen und abschmecken. Mit Sauerklee garnieren.

Fjordrejer sind kleine Nordseekrabben. Sie sind im Frühling und Sommer erhältlich und werden gerne auf smørrebrød, zu Pfannkuchen oder auch mit Spargel serviert.

PFANNKUCHEN mit Krabben

Für 4 Personen ■ Zubereitungszeit: 30 Minuten, plus 30 Minuten zum Ruhen ■ Kochzeit: 30 Minuten

Zutaten

PFANNKUCHEN
125 g Weizenmehl Type 405
1 große Prise Meersalzflocken
2 mittelgroße Eier, verquirlt
300 ml Vollmilch
20 g Butter, geschmolzene, plus mehr für die Pfanne

FÜLLUNG
50 g Butter
350 g Nordseekrabben
1 Prise Meersalz
schwarzer Pfeffer aus der Mühle
2 EL Schnittlauch, gehackt, plus etwas mehr zum Garnieren
250 g Crème fraîche

Mehl und Salz in einer Schüssel vermengen. Eine Mulde in die Mitte drücken, Eier und Milch hineingeben und zu einem glatten Teig verrühren. Mindestens 30 Minuten ruhen lassen. Kurz vor dem Backen die geschmolzene Butter in den Teig einrühren.

Eine beschichtete Pfanne (Durchmesser 20 cm) erhitzen und mit etwas Butter bepinseln. 75 ml des Teigs hineingießen, die Pfanne schwenken, um den Teig zu verteilen, und 2 Minuten backen, bis der Teig an der Oberfläche nicht mehr flüssig und die Unterseite goldbraun geworden ist. Wenden und weitere 1–2 Minuten backen. Aus der Pfanne nehmen und warm halten. Sieben weitere Pfannkuchen backen.

Für die Füllung die Butter in einer tiefen Pfanne schmelzen, die Krabben dazugeben und bei hoher Temperatur 3 Minuten braten, bis sie beginnen, rosa zu werden. Mit Salz und Pfeffer würzen. Sobald die Krabben knusprig werden, von der Herdplatte nehmen und 2 EL Schnittlauch darüberstreuen.

Zum Anrichten ein bis zwei Pfannkuchen mit Crème fraîche bestreichen. Die Krabben darauf verteilen und mit dem restlichen Schnittlauch garnieren.

Dänen mögen saisonale Küche, das zeigt sich besonders gut im Spätwinter und frühen Frühjahr, wenn der Seehasenrogen Saison hat. In Restaurants wird diese Spezialität dann mit einer Vielzahl von Gerichten angeboten, zum Beispiel mit Buchweizen-Blinis mit Crème fraîche – ganz einfach.

SEEHASENROGEN mit Knäckebrot

Für 2 Personen ■ Zubereitungszeit: 10 Minuten ■ Kochzeit: keine

Zutaten

100 g Seehasenrogen im Glas
100 g Crème fraîche
1 rote Zwiebel, fein gehackt
50 g eingesalzene Kapern, 10 Minuten gewässert und dann abgegossen
½–1 TL Meersalz

Ist der Seehasenrogen frisch und noch nicht gewaschen, in eine Schüssel geben und mit Wasser bedecken. Dann vorsichtig die feine Haut, die die Fischeier umgibt, entfernen. Das Wasser in der Schüssel erneuern und mit einem Rührbesen den Rogen vorsichtig herumwirbeln, so können eventuelle Hautreste aufgefangen werden. Abgießen und noch einmal mit frischem Wasser durchspülen. Erneut abgießen, trockentupfen und vorsichtig salzen.

Alle Zutaten separat in kleinen Schalen anrichten und mit Knäckebrot servieren.

Kräuter und Blumen

BRONZEFENCHEL: Das Grün des Bronzefenchels eignet sich perfekt für Fisch-, Eier- oder auch Hühnchengerichte. Es ist etwas kräftiger als die Blätter des grünen Fenchels.

DILL: Dill findet in vielen Gerichten Anwendung. Sein süßlicher, an Sellerie erinnernder Geschmack passt exzellent zu Fisch, Meeresfrüchten, Eiern, Hühnchen, Tomaten und Gurken.

DILLBLÜTEN: Die gelben Pollen der Dillblüte lassen sich gut zum Kochen und für Salat verwenden. Füllen Sie Fisch mit ganzen Blüten, ehe er auf den Grill wandert, oder streuen Sie die Pollen zum Garnieren über Fischfilet. Aufgegangene Dillblüten können zum Einmachen verwendet werden.

ESTRAGON: Delikater süßlicher Geschmack, der beinahe an Süßholz erinnert. Passt hervorragend zu Fisch, Eiern, und Hühnchen, ist aber auch eine gute Ergänzung zu frischen Erbsen und dicken Bohnen.

LIEBSTÖCKEL: Wird in Dänemark oft verwendet, er ähnelt Sellerie. Würzen Sie Gemüse, Eier und Fisch mit den Blättern.

KORNBLUMEN: Ein mildwürziges Nelkenaroma, das sich gut in Salaten macht. Einfach die Blütenblätter abzupfen und über einen Salat streuen. Getrocknet kann man sie auch über Süßspeisen streuen.

BROKKOLIBLÜTEN: Sie haben einen erdigen Brokkoligeschmack und schmecken gut in gemischten Salaten.

SCHNITTLAUCH & SCHNITTLAUCHBLÜTEN: Zwiebelaroma an langen grünen Stängeln mit lila Blüten. Zupfen Sie die Blütenblätter ab und verteilen Sie sie über einen Salat.

GURKENBLÜTEN: Über Salate gestreut oder über leichten Fisch oder Gerichte mit Meeresfrüchten wie etwa Krebsen gezupft, schmecken sie köstlich.

SÜSSDOLDE: Auch als Myrrhenkerbel bekannt, gehört diese Pflanze zur Familie der Selleriepflanzen. Ihre gefiederten Blätter erinnern an Farn, und mit ihrem süßen Anisaroma passt sie nicht nur gut zu Fisch- und Hühnchengerichten, sondern auch zu Süßspeisen wie Eiscreme, Sahne und Gelee oder Marmelade. Auch zum Verfeinern von Aquavit und Schnaps kann sie verwendet werden.

ZITRONENVERBENE: Süß duftende grüne Blätter, die vielfache Verwendung finden – als Tee oder zum Aromatisieren von Eiscreme, Kuchen und Marmeladen. Lässt man sie in warmer Sahne ziehen und serviert die abgekühlte und im Anschluss geschlagene Sahne zu Obst, ist auch das ein Genuss.

HAGEBUTTENBLÜTEN: Gefriergetrocknet geben sie eine schöne Dekoration ab. Zerbröselt und mit Zucker vermischt, lassen sie sich außerdem wunderbar zum Backen verwenden.

HAGEBUTTE: Sammelnussfrüchte diverser Wildrosenarten. Ihr Aussehen erinnert ein wenig an den Europäischen Wildapfel. Die Herstellung von Hagebuttenkonfitüre kostet viel Zeit, doch der Aufwand lohnt sich wirklich – sie hat ein intensives Aroma. Hagebuttengelee zu kochen, ist etwas einfacher, er muss aber ebenfalls mühevoll durchpassiert werden.

Strandkräuter: Reiche Ernte an der Küste

BLATTSALATE UND KRÄUTER: Wachsen sie an der Küste, schmecken sie salziger und haben häufig eine härtere Textur. Eventuell müssen sie vor dem Verzehr eingeweicht werden und dann mit leichtem Öl oder Butter in der Pfanne gebraten werden. Werden sie für einen Salat verwendet, verwenden Sie nur eine Sorte und mischen Sie sie mit anderen Wildkräutern und -salaten aus Wald und Wiese.

SANDDORN: Werden in Kopenhagen auch »Hipster-Beeren« genannt. Kleine hellorange Beeren mit sehr säuerlichem Geschmack. Gefriergetrocknet schmecken sie ebenso köstlich wie als Konfitüre. Der Tee aus den Blättern schmeckt hervorragend und wirkt stark antioxidativ.

MEERESALGEN: Auch Queller oder Meeresspargel genannt, sehen sie aus wie sehr junge Zweige mit kleinen Trieben. Idealerweise werden sie 30 Sekunden in kochendem Wasser blanchiert. Danach werden sie abgegossen und abgeschreckt, um den salzigen Geschmack nach Meer etwas zu mildern. Braten Sie sie mit Butter in der Pfanne und servieren Sie sie zu Fisch oder Hühnchen.

MEERKOHL: Sein Geschmack ist dem von Grünkohl sehr ähnlich, er sollte aber zunächst blanchiert werden, um den salzigen Geschmack etwas zu mildern. Schneiden Sie ihn klein und braten Sie ihn mit Öl und Knoblauch.

Thomas Laursen, Gründer und Inhaber von Wildfooding sammelt Wildkräuter, Pilze, Beeren und Meeresalgen für Kopenhagens Top-Restaurants. Er hat nur eine Regel für das Gelingen eines Salates – halten Sie Strandkräuter getrennt von Wald- und Wiesenkräutern. Strandkräuter haben ein kräftiges Aroma und eine ebensolche Textur, sie können andere Wildkräuter leicht erdrücken.

SALAT aus Wildkräutern

Für 4 Personen ■ Zubereitungszeit: 10–15 Minuten, plus 12–24 Stunden zum Kühlen ■ Kochzeit: keine

Zutaten

350 g gemischter Salat, z. B. Brunnenkresse, Kapuzinerkresse, Myrrhenkerbel, Melde oder Vogelmiere (beide ähneln Babyspinat), Blätter von Erbsen und Dicken Bohnen, Sauerklee oder Klee, Bronzefenchel

50 g gemischte Blüten, sofern erhältlich (auch eine Sorte ist ausreichend), z. B. Schnittlauch, Kapuzinerkresse, Rucola, Erbse, Ringelblume

2–3 EL kalt gepresstes Olivenöl, Traubenkern- oder Sonnenblumenöl

Saft von 1 Zitrone

Salz

SCHNITTLAUCHÖL (OPTIONAL)

400 g Schnittlauch, klein gehackt

400 ml neutrales Öl

Für das Schnittlauchöl den Schnittlauch mit dem Öl in einem Mixer auf höchster Stufe 10 Minuten pürieren, oder bis eine Temperatur von 70 °C erreicht ist. In eine Schüssel passieren. Es ist beinahe unmöglich, ein gutes Ergebnis mit kleineren Mengen zu erzielen. Daher empfiehlt es sich, mehr davon herzustellen und den Rest einzufrieren.

Die Wildkräuter in eine Schüssel mit eiskaltem Wasser geben und sanft waschen. 5–10 Minuten einweichen, dann auf Küchenpapier abtropfen lassen und sehr vorsichtig mit einer Salatschleuder trocknen. Soll der Salat nicht sofort angemacht werden, die Kräuter in einen wiederverschließbaren Beutel geben und für 12–24 Stunden in den Kühlschrank stellen.

Zum Anmachen die Blätter in eine Schüssel geben und ein wenig Öl, etwa Oliven- oder Schnittlauchöl, darüberträufeln. Etwas Zitronensaft dazugeben und vorsichtig vermengen. Erst kurz vor dem Servieren nach Belieben würzen.

Auch in Dänemark ist weißer Spargel im Frühsommer ein kulinarisches Highlight. Diese Interpretation des Restaurants Admiralgade 26 basiert auf rohem Spargel in einer Kruste aus Leinsamen und Mandeln und wird mit einer Buttermilchcrème und Wildkräutern serviert.

WEISSER SPARGEL mit Mandeln

Für 4 Personen ■ Zubereitungszeit: 20 Minuten ■ Kochzeit: 20 Minuten

Zutaten

12 Stangen weißer Spargel
25 g Leinsamen
175 g rohe Mandelkerne mit Haut
100 ml neutrales Öl
50 g gemischte Wildkräuter, z. B. Sauerklee, Myrrhenkerbel und Estragon

BUTTERMILCHCRÈME
150 g Crème double
100 ml Buttermilch
1 Eiswürfel
Abrieb von ½ unbehandelten Zitrone
Salz

Die Spargelstangen schälen und die holzigen Enden abschneiden. Die Schalen und Abschnitte in einem kleinen Topf mit dem Öl vorsichtig erhitzen, bis das Öl zu brutzeln beginnt. Vollständig abkühlen lassen. Das Öl in eine Schüssel abgießen und zur Seite stellen, die Schalen entsorgen.

Den Ofen auf 180 °C (Ober-/Unterhitze) vorheizen. Leinsamen und Mandelkerne 10 Minuten im Ofen rösten. Vollständig abkühlen lassen, dann im Mixer grob mahlen.

Crème double und Buttermilch in einem Topf erwärmen, von der Herdplatte nehmen und den Eiswürfel einrühren. Den Zitronenabrieb zugeben und salzen. Abkühlen.

Zum Anrichten die Spargelstangen mit dem aromatisierten Öl bepinseln, in der Leinsamen-Mandel-Mischung wälzen und diagonal in 5 cm lange Stücke schneiden. Je 2 EL Buttermilchcrème auf die Teller geben und den Spargel daraufsetzen. Mit den Kräutern garnieren.

Gewürze

Die Dänen waren immer schon große Entdecker und Abenteurer. Von Übersee brachten sie Gewürze und Bräuche mit, was vielen ihrer traditionellen Rezepte anzusehen ist. Durch den Einsatz von Gewürzen hauchten sie vielen einfachen einheimischen Nahrungsmitteln Leben ein.

Süße Gewürze

ZIMT: Die süße Rinde wird zum Backen verwendet, während die Zimtstange zum Einmachen, zum Einkochen und für Schmorgerichte verwendet wird.

MUSKATNUSS UND -BLÜTE: Der spitzenartige Samenmantel um die Muskatnuss wird als Macis oder Muskatblüte bezeichnet. Nuss und Blüte sorgen in herzhaften und süßen Saucen, in Marmeladen und Konfitüren sowie in Brot für ein erdiges süßes Aroma.

GANZE GEWÜRZNELKEN: Werden für Marmeladen, Konfitüren und Eingemachtes verwendet.

KÜMMELSAMEN: Werden für Brot und Eingemachtes, vor allem für Essiggurken, verwendet.

STERNANISKAPSELN: Vornehmlich in der südostasiatischen Küche gebräuchlich. Ein beinahe süßes Gewürz, das geschmacklich stark an Anis oder Süßholz erinnert. Verwenden Sie es zum Einkochen oder für Ente und Rotkohl.

MOHNSAMEN: Mit ihrem nussigen Geschmack ähneln sie manchmal sehr Mandeln, was sie zum idealen Partner für Marzipan macht.

VANILLESCHOTEN: Vanille findet traditionellerweise in süßen Gerichten Verwendung, ergänzt aber auch Schmorgerichte gut, weil sie für eine angenehme Süße sorgen.

GETROCKNETE KORNBLUMEN: Wildblumen gibt es in ganz Dänemark in Hülle und Fülle. Die Blütenblätter werden getrocknet und zur Dekoration in Desserts verwendet, weil ihr Geschmack recht neutral ist.

Herzhafte Gewürze

KORIANDERSAMEN: Die ganzen Samen werden für Eingemachtes und Fleischmarinaden verwendet, gemahlen werden sie zum Würzen von Schweinefleisch benutzt.

KREUZKÜMMELSAMEN: Werden als Gewürz für den Räucherkäse *Rygeost* benutzt, passen aber auch sehr gut zu Hering.

SCHWARZE PFEFFERKÖRNER: Werden zum Würzen herzhafter Speisen aller Art verwendet. im Moment ist es modern, sie auch in Kombination mit bestimmten Beeren und Desserts einzusetzen.

LORBEERBLÄTTER: Sorgen im Essen geradezu für ein Dufterlebnis. Sie kommen frisch oder getrocknet in Schmorgerichten, Eintöpfen und Braten, aber auch in Eingemachtem zum Einsatz.

KARDAMOMKAPSELN: Ein indisches und südostasiatisches Gewürz, das Speisen einen kräftigen, beinahe beißenden süßlichen Geschmack verleiht. Sie eignen sich für süße und herzhafte Gerichte. Schinken und Schmorgerichte veredeln sie ebenso wie Gewürzkekse und Brot.

CURRYPULVER: Die Gewürzmischung ist in Dänemark gar nicht scharf, sondern eher duftig. Eingerührt in Sauerrahm oder Mayonnaise entsteht so eine leicht würzige Sauce für Hering, Eier und Fleisch.

WACHOLDERBEEREN: Sie sorgen für diesen »kiefernartigen« Geschmack, der so gut zu eingelegtem Fleisch, zu Wild, Schmorgerichten und Eintöpfen passt.

PIMENTKÖRNER: Interessant, dass ein einziges Gewürz wie eine Mischung aus Gewürznelken, Zimt und Muskat schmecken kann. Finden Verwendung beim Einlegen, bei der Herstellung von Wurst und auch in Schmorgerichten.

DILLSAMEN: Werden zum Einmachen, Einlegen und Einkochen verwendet.

DILLBLÜTEN: Werden zum Einmachen und Einlegen verwendet.

Meerrettich

Frischer Meerrettich kann gerieben, gemahlen oder gehackt werden. Sein beißendes Aroma macht die Atemwege frei und kitzelt in der Nase. Wird er, zumindest anfangs, nicht in Maßen und mit Bedacht genossen, kann er zu scharf sein.

Meerrettichcrème

Ergibt 130 ml ▪ Zubereitungszeit: 5 Minuten

Zutaten

100 g Crème fraîche oder geschlagene Sahne
1 Prise Salz
2 EL Meerrettich, fein gerieben
1 Spritzer Malzessig

Die Crème fraîche mit dem Salz, dem Meerrettich und dem Essig vermengen.

Meerrettichsahne

Ergibt 350 ml ▪ Zubereitungszeit: 5 Minuten

Zutaten

200 g Sahne
30 ml frischer Meerrettichsaft
20 ml Apfelessig
1 Prise Salz
100 g Meerrettich, sehr fein gerieben

Die Sahne leicht aufschlagen, dann Meerrettichsaft und Essig zugießen und abschmecken. In eine Schüssel füllen und mit dem geriebenen Meerrettich bedecken. Dieses Rezept ist von Mia Christiansen aus dem Restaurant *Barr.*

Salsa Verde

Ergibt 300 ml ▪ Zubereitungszeit: 5 Minuten

Zutaten

15 g glatte Petersilie, grob gehackt
15 Estragonblätter
1 EL Thymianblätter
1 Schalotte, grob gehackt
2 EL Sherryessig
250 ml kalt gepresstes Olivenöl oder Traubenkernöl
75 g Meerrettich, gerieben

In einer Küchenmaschine oder einem Mixer die Kräuter, die Schalotte, den Essig, das Öl und den geriebenen Meerrettich cremig pürieren.

Buttermilch-Dressing

Ergibt 150 ml ▪ Zubereitungszeit: 5 Minuten

Zutaten

100 ml Buttermilch
2 EL Meerrettich, fein gerieben
1 EL Schnittlauch, gehackt
2 TL Rotweinessig
1 Prise Zucker oder etwas Honig
Salz
schwarzer Pfeffer aus der Mühle

Die Buttermilch, den geriebenen Meerrettich, den Schnittlauch, den Essig, das Salz und den schwarzen Pfeffer glatt rühren. Mit dem Zucker bzw. Honig abschmecken, um die süßen, salzigen und scharfen Aromen in Einklang zu bringen.

Eingelegtes Gemüse

Eine große Auswahl von eingelegtem Gemüse wird in Dänemark zu verschiedensten Gerichten serviert – allen voran mit smørrebrød. Kurz eingelegtes Gemüse ist bereits nach 30 Minuten fertig, »klassisch« eingelegtes ist dafür länger haltbar.

Eingelegte rote Zwiebeln

Ergibt 500 ml ■ Zubereitungszeit: 20 Minuten, plus 30 Minuten zum Ziehen ■ Kochzeit: 5 Minuten

Zutaten

350 g rote Zwiebeln, in dünne Ringe geschnitten
2 EL Salz
125 ml Tafel- oder Apfelessig
1 TL Zucker
2 EL Gewürze, z. B. Pfefferkörner, Koriandersamen, Senfsamen, Lorbeer oder eine Mischung

Die Zwiebeln in ein Sieb geben, mit 1 EL Salz bestreuen und 10 Minuten ruhen lassen. In der Zwischenzeit den Essig mit dem übrigen Salz, dem Zucker und den Gewürzen in einem Topf erhitzen. Von der Herdplatte nehmen und 250 ml kaltes Wasser dazugießen, sobald Zucker und Salz sich aufgelöst haben. Die gesalzenen Zwiebeln unter fließendem Wasser abwaschen, trockentupfen und in eine Schüssel geben. Mit der Salzlake bedecken, 30 Minuten ziehen lassen.

Eingelegte Rote Bete

Ergibt 500 ml ■ Zubereitungszeit: 20 Minuten, plus 24 Stunden zum Ziehen ■ Kochzeit: 20 Minuten

Zutaten

500 g Rote Bete
250 ml Tafel- oder Apfelessig
2 EL Salz
3 EL Zucker
2-3 EL gemischte Gewürze

Die Rote Bete in einem Topf Salzwasser 20 Minuten kochen, bis sie gerade bissfest ist. Den Essig mit dem Salz und dem Zucker erhitzen, bis beide sich aufgelöst haben. Die Gewürze zugeben und abkühlen lassen, dann mit 250 ml kaltem Wasser aufgießen. Rote Bete schälen und in ½ cm breite Scheiben oder 1 cm breite Spalten schneiden. In ein Glas geben und mit dem Einmachessig übergießen. Für 24 Stunden in den Kühlschrank stellen. Hält sich bis zu 5 Tagen.

Einlegen »klassisch«

Ergibt 500 ml ■ Zubereitungszeit: 20 Minuten, plus 1 Monat zum Ziehen ■ Kochzeit: 5 Minuten

Zutaten

350–500 g Gemüse nach Wahl
250 ml Einmachessig (siehe eingelegte Rote Bete)

Das Gemüse in Scheiben oder Stücke schneiden: Rote Bete etwa 1 cm dick, Blumenkohl in Röschen, Essiggurken im Ganzen oder längs halbiert und Karotten längs halbiert. Dicht an dicht in sterilisierte Gläser schichten. Den Angaben für den Einmachessig der eingelegten Roten Bete folgen, dann den heißen Einmachessig in die Gläser füllen. Gut verschließen und 1 Monat ziehen lassen. 3 bis 6 Monate haltbar.

Pariser bøf, ein traditionelles Mittagsgericht, erlebt gerade ein Comeback in Restaurants in ganz Kopenhagen. Es besteht aus 100 % Rindfleisch, das gebraten und auf geröstetem Weiß- oder Roggenbrot mit eingelegten Gemüsen (Rote Bete und eine weitere Sorte), Meerrettich, Zwiebeln, Kapern und einem rohen Eigelb serviert wird.

»PARISER BØF« Paris Burger

Für 4 Personen ▪ Zubereitungszeit: 25 Minuten ▪ Kochzeit: 5 Minuten

Zutaten

500 g bestes Rindfleisch, fein gehackt
50 g Butter
Salz
schwarzer Pfeffer aus der Mühle

BEILAGEN
4 dünne Scheiben Roggenbrot, leicht geröstet
50 g Meerrettich, grob gerieben
1 mittelgroße Zwiebel, fein gehackt
75 g eingesalzene Kapern, 10 Minuten eingeweicht und abgetropft
150 g eingelegte Rote Bete, abgetropft (Seite 100)
150 g *Piccalilli* (englisches Senfgemüse, z. B. von der Firma Heinz)
4 Eigelb von sehr frischen Bio-Eiern
1 Handvoll Salatblätter, z. B. Kapuzinerkresse, Rucola oder Babyspinat

Das fein gehackte Rindfleisch in eine Schüssel geben und mit Salz und Pfeffer würzen. In vier Portionen teilen und zu Pattys formen.

Die Butter in einer großen tiefen Pfanne schmelzen, die Pattys hineingeben und pro Seite 1–2 Minuten braten. Das Innere sollte blutig sein.

Je ein Patty auf einer Scheibe Toast mit ein wenig von allen Beilagen servieren.

»GASOLINE« BURGER

Der Gasoline Grill hat 2016 eröffnet, die Burger dort dürfen sich zu den besten der Welt zählen. Der kleine Burgerladen befindet sich in einer umgebauten Tankstelle im Stadtzentrum und serviert köstliche geriffelte Pommes frites zu seinen Burgern.

Gasoline Burger

Für 4 Personen ■ Zubereitungszeit: 30 Minuten ■ Kochzeit: 5 Minuten

Zutaten

600 g Hackfleisch vom Freilandrind
Salz
schwarzer Pfeffer aus der Mühle
2 EL neutrales Öl
4 Scheiben Cheddarkäse
1 mittelgroße rote Zwiebel, in Ringe geschnitten
150 g süßsauer eingelegte Gurken
2 EL Sauce (siehe unten)
4 Burgerbrötchen

Eine Grillpfanne oder eine gusseiserne Pfanne erhitzen. Das Fleisch mit Salz und Pfeffer würzen und zu vier Pattys formen. Mit etwas Öl bepinseln und 1–2 Minuten auf beiden Seiten scharf anbraten, bis sie außen schön gebräunt, innen aber immer noch sehr saftig sind. Je eine Scheibe Käse auf die Pattys legen.

Die Brötchen halbieren und in der Grillpfanne rösten.

Zum Zusammensetzen die je untere Brötchenhälfte auf einen Teller legen und ein Patty mit geschmolzenem Käse, Zwiebelringen, Essiggurken und Sauce daraufschichten. Die obere Brötchenhälfte daraufsetzen und servieren.

Sauce Thousand Island Style

Zutaten

2 Eigelb
1 TL Dijonsenf
1 EL Weißweinessig
300 ml Traubenkernöl
1 TL Tomatenmark
1 TL Worcestersauce
1–2 EL Crème fraîche
1 Spritzer Tabasco

Für die Sauce das Eigelb, den Senf und den Essig in einer Schüssel aufschlagen. Währenddessen nach und nach das Öl in einem gleichmäßigen Strahl zugießen, bis eine dicke Konsistenz erreicht ist. Die übrigen Zutaten einrühren und abschmecken. Zur Seite stellen.

Sommerkräuteröl

Zutaten

25 g Kerbel, grob gehackt
25 g Estragon, grob gehackt
25 g glatte Petersilie, grob gehackt
1 Knoblauchzehe, grob gehackt
250 g Sahne, geschlagen
50–100 ml neutrales Öl
schwarzer Pfeffer aus der Mühle

Für das Öl zu den Pommes frites Kräuter, Knoblauch und Sahne im Mixer pürieren. Nach und nach Öl zugeben, bis die gewünschte Konsistenz erreicht ist. Mit Pfeffer abschmecken.

Pommes frites

Die geriffelten Pommes frites mit Toppings Ihrer Wahl servieren. Im Sommer kann das zum Beispiel ein frischer Kräuterdip sein. Neben Saucen oder Dips ist auch das Würzen mit Salz, Essig und etwas Trüffelsalz eine gute Idee.

ORGANIC FRIES KR 25,00
TOPPINGS FOR FRIES
VINEGAR SALT KR 5,00
TRUFFLE SALT KR 5,00
HERB OIL KR 10,00
HOMEMADE DIPS KR 10,00
MAYO, CHILI MAYO
GASOLINE SAUCE,
SEASONAL (ASK)
EXTRAS FOR BURGERS
ADD CHEESE KR 10,00
ADD DOUBLE MEAT KR 30,00
DESSERT KR 35,00
LEMON MOUSSE
CHOCOLATE MOUSSE
GASOLINE COMBO KR 110,00
BURGER, FRIES, SODA
FULL COMBO KR 135,00
BURGER, FRIES, SODA, DESSERT
DOUBLE TROUBLE COMBO KR 325,00
2×BURGERS, 2×FRIES, 6-PACK TUBORG RÅ
+ 2×DESSERT + KR 45,00
+ BEER OR LEMONADE + KR 10,00
+ JARRITOS + KR 20,00
DRINKS
SODAS KR 25,00
COCA COLA, COCA COLA ZERO,
SQUASH, RAMLØSA
ORGANIC HOMEMADE LEMONADE KR 35,00
JARRITOS KR 40,00
TUBORG RÅ (ONLY TAKE-AWAY) KR 30,00
6-PACK KR 150,00

GASOLINE GRILL

K UP HERE
GASOLINE GR

den økologiske pølsemand
HAY

THE DANISH
KEJSER SAUSAGE
SOULLAND

Hotdogs

Hotdogs waren das erste Fast Food, das sich in Dänemark durchgesetzt hat. Die Würstchen werden gekocht und im Anschluss gegrillt. *Pølse* ist das dänische Wort für Würstchen. Imbisswägen, an denen Hotdogs verkauft werden, heißen *pølsevogn.*

Die Dänen haben die Angewohnheit, ihre Hotdogs direkt neben den Ständen zu essen. Die Hotdogs werden zwar in speziellen Papiertütchen serviert, aber ihr Genuss bleibt dennoch eine Herausforderung.

In ganz Kopenhagen haben moderne »foodsters« die Tradition der Hotdogstände aufgenommen und neu interpretiert.

Im Laufe der Jahre haben sich die Hotdogs gemacht: Beispielsweise gibt es inzwischen auch Bio-Hotdogs, die mehr Fleisch enthalten und in Vollkornbrot serviert werden.

Der klassische Hotdog in Kopenhagen besteht aus einem Brötchen mit einem gekochten oder einem gegrillten Wiener Würstchen. Dazu kommen je ein großzügiger Streifen Ketchup und Remoulade, frische Zwiebeln und Essiggurken.

HOTDOG vom Lamm oder Schwein

Für 4 Personen ▪ Zubereitungszeit: 10 Minuten ▪ Kochzeit: 20 Minuten

Zutaten

8 Würstchen von guter Qualität
4 Hotdog-Brötchen
1 EL Topping nach Wahl (Seite 110)

Den Ofen auf 200 °C (Ober-/Unterhitze) vorheizen. Die Würstchen für 20 Minuten oder bis sie heiß sind, auf einem Backblech im Ofen grillen. Alternativ die Würstchen 6–12 Minuten oder bis sie vollständig erhitzt sind, in der Pfanne braten.

Die Brötchen halbieren, aber nicht ganz durchschneiden, und rösten. Ein Würstchen hineinlegen und Toppings nach Wahl hinzufügen. Ein *Fransk* (Franzose) besteht traditionell aus einem langen gegrillten Rostbratwürstchen in einem ausgehöhlten französischen Baguette mit unterschiedlichen Toppings.

Sie können sich für verschiedene Wurstsorten entscheiden:

Schweinswürstchen

Sie können mit Buchenholz geräuchert oder mit Gewürzen wie Kardamom oder Muskat aromatisiert sein.

Rindswürstchen

Sie sind eine gute Alternative zu klassischen Schweinswürstchen.

Medisterpølse

Typisch dänisches Schweinswürstchen mit Gewürznelken und Vier-Gewürz (Pfeffer, Ingwer, Muskat, Gewürznelken) aromatisiert.

Hotdog-Toppings

Um Ihren Hot Dog nach Kopenhagener Art zu garnieren, benötigen Sie pikante, würzige, süße oder cremige Toppings.

Zwiebelmarmelade

Ergibt 250 g ■ Zubereitungszeit: 15 Minuten ■ Kochzeit: 45 Minuten

Zutaten

2 EL neutrales Öl
25 g Butter
500 g Zwiebeln, in dicke Ringe geschnitten
1 Lorbeerblatt
1 TL schwarze Pfefferkörner, grob zerstoßen
1 TL Meersalzflocken
2 EL Zucker

Öl und Butter in einer Pfanne erhitzen. Die Zwiebeln anschwitzen, dann Lorbeerblatt, Pfefferkörner, Meersalz und Zucker zugeben. Bei niedriger Temperatur etwa 45 Minuten schmoren und immer wieder umrühren, bis die Zwiebeln sehr weich und gebräunt sind. Eventuelle Flüssigkeit in der Pfanne sollte sehr dickflüssig sein. Nach Bedarf mit mehr Salz abschmecken.

Remoulade

Ergibt 150 ml ■ Zubereitungszeit: 5 Minuten

Zutaten

150 ml Mayonnaise
1 EL grobkörniger Senf
1 EL Kapern, gehackt
1 TL Currypulver
1 TL schwarze Pfefferkörner, grob zerstoßen

Alle Zutaten vermischen und nach Bedarf mit Salz abschmecken.

Kurz Eingelegtes: Gurke, Rotkohl, Meerrettich

Ergibt 350 g ■ Zubereitungszeit: 10 Minuten, plus 30 Minuten zum Ruhen ■ Kochzeit: keine

Zutaten

1 Gurke, gehackt (oder 225 g Rotkohl, in Scheiben geschnitten, oder 225 g frischer Meerrettich, in feine Scheiben gehobelt)
2 EL feinkörniges Salz
50 g feinkörniger Zucker
100 ml Tafelessig
1 TL schwarze Pfefferkörner, grob zerstoßen

Das Gemüse in ein Sieb geben und mit dem Salz bestreuen. 10 Minuten warten, bis die Gurke Wasser gezogen hat. Das Gemüse mit den Händen gründlich auspressen, um es vollständig zu entwässern, dann in eine Schüssel geben und mit 100 ml kaltem Wasser, Zucker, Essig und Pfeffer vermengen. 20 Minuten ziehen lassen und servieren.

Apfelketchup

Für 1 Person ■ Zubereitungszeit: 5 Minuten

Zutaten

2 ½ EL Tomatenketchup
1 TL Apfelmus mit Zimt abgeschmeckt

Vermengen und servieren.

GETRÄNKE

Carlsberg und Tuborg – diese beiden beliebten Biere kennt man auf der ganzen Welt, aber Dänemark hat noch mehr zu bieten: In Kopenhagen gibt es unzählige »Microbreweries«, kleine Brauereien, die mit verschiedensten Aromen experimentieren. Gleichzeitig ist in kaum einer Stadt das Interesse für sogenannte »natürliche Weine« so groß. Und das Angebot an hochwertigem Schnaps und Aquavit ist schlichtweg überwältigend. In diesem Kapitel sehen wir uns Bier, Wein und Schnaps etwas genauer an. Außerdem erfahren wir, wie man aus Weinresten wunderbaren Essig herstellen kann, und auch ein Rezeptklassiker darf nicht fehlen: Schweinebäckchen mit Bier. Skål!

Craft-Biere

Die berühmtesten großen Brauereien in Dänemark sind *Carlsberg* und *Tuborg*, beide brauen traditionelle Biere im großen Stil. Darüber hinaus hat aber in den letzten 12–15 Jahren das Mikrobrauen große Beliebtheit erlangt und in ganz Dänemark haben Craft-Bier-Enthusiasten kleine Brauereien wie z. B. *Mikkeler and Friends* gegründet. Dort werden kleine Mengen verschiedenster Biere gebraut. Einige Brauereien haben zwischen zehn und 40 unterschiedliche Biere im Sortiment, und weil viele Brauer inzwischen mit dänischen Spitzenköchen zusammenarbeiten, sind ihre wunderschön designten Brauereigebäude zugleich beliebte Restaurants.

In der dänischen Küche finden alle Teile des Schweins Verwendung und so ist es nichts Besonderes, dass in Metzgereien auch Schweinebäckchen verkauft werden. Das traditionelle Rezept für in Bier geschmorte Schweinebäckchen mit Sellerie, Karotten und Zwiebeln kommt hier ganz modern daher.

SCHWEINEBÄCKCHEN in Bier gekocht

Für 4 Personen ■ Zubereitungszeit: 30 Minuten ■ Kochzeit: 2–2 ½ Stunden

Zutaten

12 Schweinbäckchen, etwa 675 g (à etwa 55 g)
3 EL Thymianblättchen, gehackt
Salz | schwarzer Pfeffer aus der Mühle
25 g Butter
2 EL kalt gepresstes Olivenöl, plus etwas mehr zum Beträufeln
175 g Knollensellerie, fein gewürfelt
100 g Karotten, fein gewürfelt
1 kleine Zwiebel, fein gehackt
500 ml dunkles Bier

GEGRILLTE ZWIEBELN
je 1 kleine bis mittelgroße rote, weiße und gelbe Zwiebel
1 EL Honig
2 EL Thymianblätter

Den Ofen auf 180 °C (Ober-/Unterhitze) vorheizen. Die Schweinebäckchen trockentupfen. Den Thymian mit Salz und Pfeffer mischen und das Fleisch damit würzen. Übrige Würzmischung aufbewahren.

Die Butter in einer tiefen, ofenfesten Pfanne schmelzen. Sobald sie anfängt zu brutzeln, die Schweinebäckchen hineingeben und 8 Minuten auf jeder Seite anbraten. Auf Küchenpapier abtropfen lassen und beiseitestellen.

Etwas Öl in die Pfanne gießen, dann das Gemüse dazugeben. 10 Minuten schmoren, bis es langsam Farbe annimmt. Nach und nach unter Rühren das Bier zugießen Sobald es kocht, die Schweinebäckchen wieder in die Pfanne geben und so viel Wasser zugießen, dass das Fleisch damit bedeckt ist. Zum Kochen bringen, mit feuchtem Backpapier abdecken, den Pfannendeckel darauflegen und 1–1 ½ Stunden im Ofen schmoren. Sobald das Fleisch weich ist, herausnehmen und warm halten. Den Bratensaft mit dem Gemüse in der Pfanne auf dem Herd einkochen lassen. Mit ein wenig von der übrigen Thymian-Würzmischung abschmecken.

Die Zwiebeln abziehen, in einem Topf mit kochendem Wasser 8 Minuten kochen, abgießen und halbieren. Eine große Pfanne erhitzen, die Zwiebeln mit der Schnittfläche nach unten darin grillen, bis sie leicht schwarz sind. Mit etwas Öl beträufeln und die Zwiebeln umdrehen. Etwas Honig darüberträufeln und mit Salz, Pfeffer und Thymian abschmecken. 2 Minuten weitergaren, bis auch diese Seite stellenweise verkohlt ist.

Die Schweinebäckchen mit der Sauce und den Zwiebeln servieren. Dazu passt Sellerie- oder Kartoffelpüree.

Snacks zu Drinks

In Kopenhagen verwendet man gerne unterschiedliche Salze zum Würzen und die Fülle an Aromen, mit denen einfache Meersalzflocken verfeinert werden können, ist überraschend. Aromatisierte Salze passen gut zu rohem Gemüse und Nüssen.

Radieschen mit Salz

Für 4 Personen ▪ Zubereitungszeit: 5 Minuten

Zutaten

1 Bund Radieschen

Die Radieschen mit Meersalzflocken bestreuen und mit Butter servieren.

Erbsen mit Meerrettich

Für 4 Personen ▪ Zubereitungszeit: 5 Minuten

Zutaten

1–2 Handvoll rohe Erbsenschoten

Die Erbsenschoten in eine Schüssel geben. Mit etwas feinem Meersalz, Erbsenblüten und frisch geriebenem Meerrettich bestreuen und servieren.

Kohlrabi mit Lakritzsalz

Für 4 Personen ▪ Zubereitungszeit: 5 Minuten

Zutaten

1 Kohlrabi, gekühlt, in 2 Hälften und je 4 mm dicke Scheiben geschnitten

Den Kohlrabi mit Lakritzsalz bestreut servieren oder das Salz in eine separate Schüssel geben und den Kohlrabi hineindippen.

Geröstete Mandeln mit Algensalz

Für 4 Personen ▪ Zubereitungszeit: 5 Minuten

Zutaten

225 g Mandeln

1 EL kalt gepresstes Olivenöl

1–2 TL Algensalz

Den Ofen auf 180 °C (Ober-/Unterhitze) vorheizen. Die Mandeln mit dem Öl vermengen und auf ein Backblech geben. Mit dem Algensalz einreiben und 20 Minuten rösten. Abkühlen lassen.

Fügen Sie der Mischung gerne eine Vanilleschote oder auch Kräuter wie Minze oder Zitronenthymian hinzu. Anstelle von Himbeeren können Sie auch rote oder schwarze Johannisbeeren, Brombeeren, Erdbeeren oder Stachelbeeren verwenden, um Schnaps herzustellen. Auch andere Obstsorten eignen sich gut. Achten Sie darauf, Blätter und Stiele zu entfernen. Steinobst sollte entsteint werden.

»SNAPS« Schnaps

Ergibt 1 Liter ■ Zubereitungszeit: 15 Minuten, plus 1 Woche zum Durchziehen ■ Kochzeit: keine

Zutaten

1 kg Himbeeren oder Beeren nach Wahl, gewaschen und getrocknet
1 Vanilleschote, längs halbiert
750 ml geschmacksneutraler Schnaps oder Wodka (40 % Vol.)

Die Beeren und die Vanilleschote in ein dicht verschließbares Gefäß von 1 Liter Fassungsvermögen geben, dann mit dem Alkohol aufgießen. Fest verschließen und mindestens 1 Woche oder bis die Beeren auf den Boden des Gefäßes gesunken sind, an einem dunklen kühlen Ort (etwa 20 °C) stehen lassen. Jetzt kann der Schnaps serviert werden, allerdings schmeckt er vermutlich noch recht sauer. Bei längerer Lagerung wird sein fruchtiges Aroma milder.

Die Früchte bis zu 3 Monaten ihr Aroma im Alkohol entfalten lassen. Den Schnaps gelegentlich schütteln und probieren.

Mehr Aromen

Meist sind es Wildkräuter, die zur Schnapsherstellung verwendet werden. Myrte, Schlehe, Silber-Wermut, Waldmeister, Wacholder, Labkraut, Süßdolde und Kieferntriebe eignen sich zum Beispiel gut.

DESTILLERET
NORD
Bøge Snaps
AALBORG
BASIS

Sabotøren
Håndværksvine til
Værtshuspriser
Her kan man drikke
vin i glas eller
direkte fra flasken!
Der er også lidt at
spise, hvis man da ikke
tager vinen med hjem
tirs-tors
16-24
fre-søn
[Søndag 22]
13-24
HVAD MED NOGET MILJØ-HALLO!!?

Natürliche Weine

Ein natürlicher Wein beginnt bereits beim Anbau der Rebstöcke und der Notwendigkeit der ökologischen Zertifizierung. Auf einigen Weinkarten tauchen inzwischen auch »orange« oder auch »maischevergorene« Weine auf. Maischevergorener Wein ist zunächst Weißwein, der wie Rotweine gekeltert wird. Es werden dabei keine Zusätze verwendet, um den Fermentierungsprozess einzuleiten. Die Trauben werden gemaischt und in einem Fass bei kontrollierten Temperatur- und Lichtverhältnissen gelagert. Wie orange der Wein tatsächlich wird, hängt davon ab, wie lange die zerdrückten Trauben sich selbst überlassen werden. Sind es wenige Stunden, nimmt der Wein eine leicht orange Farbe an, bei einem längeren Zeitraum kann er auch leuchtend orange werden. Solche Weine ähneln in ihrer Struktur Rotweinen, sie haben also einen volleren Körper und nehmen mehr Tannine auf, dennoch behalten sie den Säuregehalt eines Weißweins bei.

Die meisten Restaurants in Kopenhagen legen Wert darauf, nichts zu verschwenden. Wein- und Bierreste können beispielsweise hervorragend fermentiert und in naturbelassenen Essig verwandelt werden.

ESSIG selbst gemacht

Ergibt 400 ml ■ Zubereitungszeit: 10 Minuten, plus 3–4 Wochen zum Fermentieren ■ Kochzeit: keine

Zutaten

WEIN (ROT, WEISS ODER LIKÖRWEIN)
100 ml naturtrüber Essig
200 ml Wein

BIER (HELLES, PILS ODER ALT)
100 ml naturtrüber Essig
300 ml Bier

Den Essig mit dem Wein und 100 ml Wasser oder dem Bier in eine saubere Flasche oder ein Glas mit weitem Hals gießen. Mit einem Passiertuch abdecken, das mit Garn oder einem Haushaltsgummi festgezurrt wird. Das Glas bzw. die Flasche an einem dunklen Ort bei Zimmertemperatur stehen lassen.

Nach ein paar Tagen wird sich ein Film auf der Flüssigkeit bilden. Hat er eine gräuliche Farbe, entwickelt sich hier die Essigmutter. Ein paar weitere Wochen lagern und dann probieren. Hat der Essig einen milden Geschmack und ist nicht zu sauer, kann man ihn verwenden. Das kann bis zu 2 Monaten dauern.

Den fertigen Essig mithilfe eines Trichters durch einen ungebleichten Kaffeefilter in saubere Flaschen mit Deckel sieben. Im Kühlschrank lagern, weil er nicht pasteurisiert ist.

COX+
CIDER
ÆBLER
little
BUTEO

ZWISCHEN-DURCH

Eine Pause am Nachmittag gilt in Kopenhagen als absolute Notwendigkeit. Auch sie ist Teil der entspannten Atmosphäre dort. Aller Wahrscheinlichkeit nach ist sie mit irgendeinem Snack verbunden, entweder mit etwas Süßem wie einem Eis, oder mit etwas Herzhaftem, zum Beispiel einem remouladeartigen Dip mit Gemüse. Bänke und Stühle gibt es überall in der Stadt, damit die Menschen am Hafen, an den Kais und in den Parks eine Verschnaufpause machen können. Und im Winter lässt es sich in einem der vielen gemütlichen Cafés gut aushalten. Viele haben sogar einen Kamin, an dem man mit Freunden bei Kaffee und Kuchen zusammensitzen kann.

In Kopenhagen besteht traditioneller Apfelkuchen aus drei Schichten: Apfelkompott, Mandelmakronen-Streusel und geschlagene Gewürzsahne. Üblicherweise kommt darauf noch ein Löffel rote Johannisbeerkonfitüre, doch hier wird der Kuchen mit Hagebuttenkonfitüre serviert, weil ihr feines blumiges Aroma so gut zum Kuchen passt.

APFELKUCHEN mit Makronen und Sahne

Für 6 Personen ▪ Zubereitungszeit: 1 Stunde ▪ Backzeit: 25 Minuten

Zutaten

100 g Marzipanrohmasse, geraspelt
¼ TL gemahlener Zimt
¼ TL gemahlener Kardamom
60 g Puderzucker, gesiebt, plus 1 weiterer EL
1 Eiweiß
1 kg aromatische Äpfel, geschält und gewürfelt
Abrieb von 1 unbehandelten Zitrone
2 EL Zitronensaft
50 g Butter
100 g Zucker
ein paar Stängel Zitronenverbene oder 1 TL gemahlener Zimt
200 g Sahne
100 g Crème fraîche
Johannisbeerkonfitüre (Seite 154) oder Hagebuttenkonfitüre, nach Belieben

Den Ofen auf 150 °C (Ober-/Unterhitze) vorheizen. Die Marzipanrohmasse in eine Schüssel geben und die Gewürze mit einem elektrischen Rührgerät einrühren. Nach und nach die 60 g Puderzucker abwechselnd mit dem Eiweiß unterrühren, bis eine geschmeidige Masse entstanden ist. Kleckse von je 1 EL Teig auf zwei mit Backpapier ausgelegte Backbleche setzen, dabei auf ausreichend Abstand zwischen den Makronen achten. 20–25 Minuten backen, bis sie größer und goldbraun geworden sind. 10 Minuten ruhen und dann auf einem Kuchengitter abkühlen lassen.

In der Zwischenzeit die Apfelwürfel mit dem Zitronenabrieb und dem Zitronensaft vermengen. Die Butter in einer Pfanne schmelzen, die Äpfel einrühren. Den Zucker dazugeben und das Kompott erhitzen, bis der Zucker sich aufgelöst hat. Die Zitronenverbene oder den Zimt zugeben und köcheln lassen, bis die Äpfel weich, aber noch nicht zu Mus geworden sind. Abkühlen lassen und die Zitronenverbene bzw. Zimtstange entfernen.

Die Sahne in eine Schüssel geben und 1 EL Puderzucker hineinsieben. Die Crème fraîche zunächst vorsichtig einrühren und dann kräftiger schlagen, bis die Sahnemischung steif wird. Das Apfelkompott auf sechs Schalen verteilen, jeweils 2 Mandelmakronen daraufbröseln und dann mit 2 gehäuften EL der geschlagenen Sahne abschließen. Mit einer Konfitüre nach Belieben servieren.

Dieses köstliche Rezept, das (ursprünglich) aus dem wunderbaren Kochbuch Gone Fishing (Verlag Prestel, 2017) von Koch und Autor Mikkel Karstad stammt, verlangt eigentlich nach Äpfeln, aber machen Sie doch einfach von der Jahreszeit abhängig, welches Obst Sie dafür verwenden möchten – wir haben uns hier für Rhabarber entschieden.

RHABARBERKUCHEN mit Marzipan

Für 10 Personen ■ Zubereitungszeit: 30 Minuten ■ Backzeit: 40–50 Minuten

Zutaten

500 g Rhabarber, in 5 cm lange und etwa ¼ cm dünne Streifen geschnitten
1 TL gemahlener Zimt
1 EL Demarara-Zucker
150 g weiche Butter
150 g Muscovado-Zucker
150 g Marzipanrohmasse, gehackt
4 Eier (150 g)
5 EL Weizenmehl Type 405
Abrieb von 1 unbehandelten Zitrone
1 EL neutrales Öl

Den Ofen auf 170 °C (Ober-/Unterhitze) vorheizen. Den Rhabarber mit dem Zucker und dem Zimt in einer Schüssel vermengen und mindestens 20 Minuten stehen lassen.

In der Zwischenzeit die Butter, den Zucker und das Marzipan in einer Küchenmaschine zu einer geschmeidigen Masse verarbeiten. Nach und nach die Eier und dann das Mehl und den Zitronenabrieb dazugeben. Den Teig in eine geölte und mit Backpapier versehene Kuchenform (Durchmesser 20 cm) geben und mit dem Rhabarber belegen. 40–50 Minuten backen, bis der Teig fertiggebacken und der Rhabarber karamellisiert ist. Sollte das Obst zu dunkel werden, mit Alufolie abdecken und fertigbacken. 1 Stunde abkühlen lassen.

Warm oder bei Zimmertemperatur mit Crème fraîche servieren.

Diese feinen Himbeerschnitten findet man in vielen Cafés und Bäckereien. Oft sind sie mit weißem oder rosa Zuckerguss glasiert.

»HINDBÆRSNITTER« Himbeerschnitten

Ergibt 12 Stück ▪ Zubereitungszeit: 45 Minuten, plus 30 Minuten zum Kühlen ▪ Backzeit: 20–25 Minuten

Zutaten

375 g Weizenmehl Type 405
75 g gemahlene Mandeln
200 g Zucker
Mark von 1 Vanilleschote
275 g kalte Butter, gewürfelt
1 Ei, verquirlt
1 Eigelb, mit 2 EL Milch verquirlt, zum Bepinseln
500 g Himbeermarmelade
50 g Demarara-Zucker

Das Mehl, die gemahlenen Mandeln, den Zucker und das Vanillemark in einer Küchenmaschine gut vermischen. Die Butter dazugeben und alles zu feinen Streuseln verarbeiten. Das verquirlte Ei nach und nach zur Mehl-Butter-Mischung geben, bis diese zu einem glatten Teig wird. Den Teig zu einer Platte formen und in zwei gleichgroße Stücke teilen. Diese jeweils zu einer etwa 3 cm dicken Platte formen, abdecken und 30 Minuten in den Kühlschrank stellen.

Die Teigplatten jeweils zwischen 2 Bögen Backpapier legen und 3 mm dick ausrollen. Mit dem Backpapier 30 Minuten kalt stellen.

Den Ofen auf 190 °C (Ober-/Unterhitze) vorheizen. Das Backpapier entfernen, die Teigplatten auf die Arbeitsfläche legen und mehrmals mit einer Gabel einstechen. Eine Teigplatte auf ein mit Backpapier versehenes Backblech legen und die Marmelade daraufstreichen, dabei einen 2 cm breiten Rand lassen. Die zweite Teigplatte auf der Marmelade platzieren und von der Mitte her vorsichtig nach außen streichen, damit beide Teigplatten dicht aufeinander liegen. Mehrfach mit einer Gabel einstechen. Die Teigoberfläche mit dem mit Milch verquirlten Eigelb bepinseln und den Demarara-Zucker darübersprenkeln. 20–25 Minuten backen, bis der Teig eine appetitliche goldbraune Farbe angenommen hat. In Rechtecke schneiden, wenn der Kuchen bereits etwas abgekühlt, aber immer noch leicht lauwarm ist. Auf einem Kuchengitter vollständig abkühlen lassen.

Lakritze

Die Süßholzwurzel hat ein starkes Anisaroma und stammt aus Kalabrien und Süditalien, Südostasien, dem Iran und Afghanistan. Dank ihrer vielfältigen Verwendung in Kopenhagens schicken Restaurants ist sie heutzutage aber viel mehr als »nur« die Grundzutat für eine beliebte Süßigkeit – Süßholz hat jetzt jeder im Haus.

In Dänemark werden große Mengen Süßholz konsumiert. Es wird zu salzigem Lakritzkonfekt, aber auch zu Pulver, Granulat oder einem Extrakt verarbeitet, das Eiscremes und Karamell beigefügt werden kann. In Form von Salz findet es in herzhaften Speisen Verwendung. Und auch zu Beerenkonfitüre passt es hervorragend und macht sich außerdem gut mit dunkler Schokolade und Wild.

Süßholzrinde oder -stange: Beides lässt sich sehr gut zum Kochen verwenden. Klopfen Sie sie vorsichtig auf und geben Sie sie in heiße Flüssigkeit wie Milch oder Wasser als Basis für Pudding, Saucen, Sirup oder Tee. Für Lakritzzucker können Sie sie auch in Zucker lagern. Oder verwenden Sie sie zum Pökeln und trockenen Beizen, um Fleisch und Fisch zusätzliches Aroma zu verleihen.

Lakritzpulver: Es kann Speisen direkt beigefügt werden, aber seien Sie vorsichtig damit, denn das Aroma ist sehr intensiv. Es gibt dänische Firmen, die Süßholz sowohl aus Italien als auch aus asiatischen Ländern importieren, um verschiedene Lakritzpulversorten herzustellen – sie sind unterschiedlich süß bzw. salzig.

Lakritzgranulat: Es besteht zu 100 % aus Lakritzextrakt und kann in heißer Flüssigkeit aufgelöst werden. Es kann auch direkt verzehrt werden, allerdings ist der Geschmack ausgesprochen intensiv und leicht bitter.

Lakritzsalz: Süßholzwurzel wird mit Salzflocken gemischt. Das Aroma ist sehr intensiv.

Lakritzplatte: Sie wird aus Lakritzextrakt, Zucker, Wasser und Gelatine hergestellt. Die dicke geschmeidige Masse kann geschmolzen und für Karamell und Sirup verwendet werden.

Gourmet-Pause

In Kopenhagen gehören kleine Pausen einfach zum Tagesablauf. Und welche Ausrede könnte sich besser dafür eignen als ein kleiner Snack zwischendurch? Man kann sich auf eine Treppe oder eine der vielen Bänke am Hafen setzen, das Treiben dort beobachten und ein Eis essen. Man kann eines der modernen Teehäuser besuchen und einen feinen Kuchen bestellen. Man kann Karamellbonbons mit Fleur de Sel oder Schokoküsse mit Rote-Bete-Pulver darauf genießen, während man durch eine der verwinkelten Gassen im Zentrum schlendert. Man kann sich natürlich auch in einer Szene-Weinbar ein Glas Wein gönnen, ehe man sich beschwingt auf den Rückweg zur Arbeit macht. Die Möglichkeiten, eine Pause zu gestalten, sind wirklich vielfältig.

In Kopenhagen gibt es entzückende kleine Läden, die sich ganz auf Karamell mit verschiedensten Geschmacksrichtungen spezialisiert haben. Von Lakritz über Salz bis hin zu Beerenaromen – hier wird jeder fündig.

»KARAMELS« Karamellbonbons

Ergibt 48 Stück ■ Zubereitungszeit: 45 Minuten ■ Kochzeit: 45 Minuten, plus 4–6 Stunden zum Abkühlen

Zutaten

180 g Sahne
Mark von 1 Vanilleschote oder ½ TL Vanillepaste, oder ½ TL Meersalzflocken wie z. B. Fleur de Sel, oder 1 Stange Süßholz (zartes Aroma) oder 1 TL Lakritzgranulat
160 g heller Sirup (z. B. von der Firma Grafschafter)
225 g Zucker
60 g Butter, gewürfelt
2–3 Prisen Salz
1 EL neutrales Öl
gefriergetrocknete Beeren

Die Sahne in einem Topf nicht ganz bis zum Siedepunkt erhitzen, dann von der Herdplatte nehmen und nach Belieben aromatisieren. Mindestens 30 Minuten ziehen lassen.

In der Zwischenzeit in einem tiefen Topf den Sirup und den Zucker vorsichtig erhitzen, bis der Zucker sich vollständig aufgelöst hat. Aufkochen und weiterköcheln lassen, bis der Sirup eine Temperatur von 115 °C erreicht hat. Von der Herdplatte nehmen und die Sahne zugeben – die Mischung wird heftig aufschäumen. Gut verrühren und dann erneut auf der Herdplatte köcheln lassen, bis die Mischung 127 °C erreicht hat.

Den Topf von der Herdplatte nehmen und die Butter einrühren, bis eine geschmeidige Masse entstanden ist. Eine quadratische Form (Durchmesser 20 cm) mit Alufolie auskleiden und mit etwas Öl einpinseln. Die Karamellmasse hineingießen und nach Belieben mit etwas Salz oder gefriergetrockneten Beeren bestreuen. Auf einem Kuchengitter mindestens 4–6 Stunden oder über Nacht abkühlen lassen.

Aus der Form nehmen, die Alufolie entfernen und die Masse in etwa 2 ½ cm lange und 1 cm breite Karamellbonbons schneiden. In Backpapier wickeln und im Kühlschrank aufbewahren.

Diese Süßigkeit besteht aus einem Marzipanboden, einer Füllung aus rosafarbenem italienischem Baiser und einem Überzug aus weißer Schokolade, die mit Rote-Bete-Pulver bestreut wird. Sollten Sie Letzteres nicht auftreiben können, verwenden Sie stattdessen einfach zerbröselte gefriergetrocknete Himbeeren.

»FLØDEBOLLER« Schneebälle

Ergibt 20 Stück ■ Zubereitungszeit: 1 Stunde, plus Zeit zum Kühlen und Festwerden ■ Backzeit: 30 Minuten

Zutaten

300 g Marzipanrohmasse
300 g Zucker
¾ TL Rote-Bete-Pulver
5 Eiweiß (150 g)
1 TL Weinstein (in der Apotheke oder online erhältlich)
400 g weiße Schokolade, gehackt

Den Ofen auf 180 °C (Ober-/Unterhitze) vorheizen. Die Marzipanrohmasse 5 mm dick ausrollen und 20 Kreise (Durchmesser etwa 4 cm) ausstechen. Auf zwei mit Backpapier ausgelegten Backblechen verteilen und 7 Minuten backen. Abkühlen lassen.

In der Zwischenzeit in einem kleinen Topf den Zucker bei geringer Temperatur in 100 ml Wasser auflösen. ¼ TL Rote-Bete-Pulver hinzugeben, den Topf zum Vermengen schwenken, aufkochen und 2 Minuten köcheln lassen, bis ein heller Sirup entstanden ist. Mit einem Rührgerät das Eiweiß zusammen mit dem Weinstein in einer großen Schüssel aufschlagen, bis sein Volumen sich verdoppelt hat. Auf höchster Stufe weiterrühren und dabei den 118 °C heißen Sirup in einem langsamen, gleichmäßigen Strahl hinzugießen. 10 Minuten weiterrühren, bis das Eiweiß glänzt und sehr steif geworden ist. In einen Spritzbeutel mit einer Lochtülle (Durchmesser 1 cm) füllen und auf die Marzipankreise spritzen. In den Kühlschrank stellen.

300 g Schokolade in einer hitzebeständigen Schüssel über einem Topf mit siedendem Wasser unter Rühren schmelzen. Die übrige Schokolade sehr fein hacken. Die geschmolzene Schokolade sollte eine Temperatur von 45–50 °C haben. Ein Drittel der flüssigen Schokolade warm stellen, die gehackte Schokolade unter die übrigen zwei Drittel der Schokolade rühren und schmelzen. Die Temperatur sollte auf 26–27 °C sinken. Eventuell nicht geschmolzene Schokoladenstückchen entfernen, die übrige flüssige Schokolade einrühren und die Temperatur der Masse auf 28 °C erhöhen.

Für den Schokoladenüberzug zunächst die Unterseite der Schneebälle in die Schokolade tauchen und zum Festwerden auf Backpapier in den Kühlschrank stellen. Dann die Oberseite in die flüssige Schokolade tauchen, sodass die Schneebälle vollständig damit überzogen sind. Auf einem Kuchengitter trocknen lassen, bis sie abgekühlt sind, und mit dem übrigen Rote-Bete-Pulver bestreuen.

Dieses erfrischende Buttermilch-Joghurt-Dessert erfreut sich in ganz Dänemark großer Beliebtheit und wird mit kleinen Pfeffernüssen und Erdbeeren serviert. Hier verrät Ben Coughlan, Koch im Øl & Brød in Kopenhagen, sein Rezept.

»KOLDSKÅL« Kaltschale

Für 6 Personen ■ Zubereitungszeit: 1 Stunde, plus Zeit zum Kühlen ■ Kochzeit: 20 Minuten

Zutaten

KALTSCHALE
2 Eigelb
2 EL Zucker
Mark von 1 Vanilleschote
500 g Joghurt
500 ml Buttermilch
Abrieb von 1 unbehandelten Zitrone
1 EL Zitronensaft

ZUM ANRICHTEN
600 g Erdbeeren, entstielt und geviertelt
200 g kleine Pfeffernüsse
ein paar Blätter Sauerklee (optional)

Für die Kaltschale Eier und Zucker hell und schaumig schlagen, dann nach und nach zunächst den Joghurt und dann die Buttermilch, den Zitronensaft und den Abrieb und das Vanillemark unterrühren. Nach Bedarf mit mehr Zitronensaft und Zucker abschmecken und vor dem Servieren gut kühlen.

Zum Anrichten die Kaltschale in kleine Schüsseln gießen, die Erdbeeren und die Kekse darauf verteilen und nach Belieben mit Sauerkleeblättern garniert servieren.

Ob Kräuter, Gewürze und Blüten oder Früchte – nutzen Sie, was die Jahreszeit gerade zu bieten hat! Von Himbeeren und Stachelbeeren über Rosenblätter, Kamillenblüten, Zitronenverbene, Minze oder sogar Süßholzrinde, Sie können immer aus unendlich vielen Geschmacksrichtungen für Ihr Eis wählen.

EISCREME

Ergibt 600 ml ■ Zubereitungszeit: 25 Minuten, plus 1 Stunde zum Ziehen ■ Kochzeit: 15 Minuten, plus 2 Stunden zum Kühlen, Einfrieren und Umrühren

Zutaten
250 ml Vollmilch
150 g Zucker
1 gute Prise Salz
5 Eigelb
375 g Crème double

Die Milch, den Zucker und das Salz in einem Topf erhitzen. Der Zucker soll sich auflösen, die Milch aber nicht kochen. Das Eigelb aufschlagen, dann in einem gleichmäßigen Strahl die Milch dazugießen, alles zurück in den Topf geben und vorsichtig unter Rühren erhitzen, bis die Masse etwas eindickt. Ob die richtige Konsistenz erreicht ist, kann man testen, indem man den Kochlöffel aus der Milch-Ei-Mischung nimmt und sogleich mit dem Finger eine Linie quer über den Löffelrücken zieht. Bleibt die Linie sichtbar, ist die Flüssigkeit genug eingedickt. Die Sahne einrühren und abkühlen lassen, dann mindestens 30 Minuten in den Kühlschrank stellen. Im Anschluss etwa 30 Minuten in einer Eismaschine cremig rühren.

Je nach Eissorte die Sahne zunächst erhitzen und das ausgekratzte Mark einer Vanilleschote, eine Süßholzrinde, 1 TL Gewürznelken, eine in Stücke gebrochene Zimtstange, 1 TL mit einem Messer leicht aufgedrückte Kardamomkapseln, 2 Stängel Zitronenverbene, eine Handvoll Kamillenblüten oder 4 EL Instant-Espressogranulat zugeben. Eine Stunde ziehen lassen, sieben und weiterverarbeiten wie oben beschrieben.

Werden Beeren verwendet, 250 g Beeren mit einer Gabel zerdrücken und je nach Reife etwa 100 g Zucker zugeben und auflösen. Abwechselnd Eis und Beeren in eine Frischhaltedose schichten und einfrieren.

MINI TOP
30
VANILLA
45
CHOCOLATE
45
CARD ONLY

Verkaufsstände und ganze Läden, die ausschließlich Eis am Stiel verkaufen, sind in Kopenhagen beliebt. Die Eismacher bei Olufs kombinieren fantasievoll alle möglichen Geschmacksrichtungen und haben jede Menge Tipps für die Herstellung des perfekten Eis am Stiel. Einer davon lautet: Verwenden Sie so wenig Wasser wie möglich, damit das Eis schön cremig wird.

EIS AM STIEL von schwarzer Johannisbeere

Ergibt 12 Stück ■ Zubereitungszeit: 45 Minuten, plus 4–8 Stunden zum Gefrieren ■ Kochzeit: 15 Minuten

Zutaten

350 g schwarze Johannisbeeren
100 g Zucker, plus 2 EL
3 mittelgroße Eigelb
300 g Sahne, leicht geschlagen
1 TL Vanillepaste
200 g weiße Schokolade, in Stücke gebrochen
50 g gefriergetrocknete schwarze Johannisbeeren, grob zerbröselt

Die schwarzen Johannisbeeren und die 2 EL Zucker langsam in einem Topf erhitzen, bis der Zucker sich auflöst und die Beeren aufplatzen. 3–5 Minuten köcheln lassen, bis sie weich sind. Vollständig abkühlen lassen.

Den übrigen Zucker in einem weiteren Topf mit 125 ml Wasser langsam erhitzen, um den Zucker aufzulösen, und dann zum Kochen bringen. 5 Minuten köcheln lassen, bis der Sirup eindickt. Wird ein Zuckerthermometer benutzt, sollte es 108 °C anzeigen.

Das Eigelb in eine hitzebeständige Schüssel geben und unter gleichmäßiger Zugabe des Sirups mit einem Stabmixer aufschlagen, bis die Masse hell und sehr cremig ist. Die Sahne, das Vanilleextrakt und das Johannisbeerpüree unterheben. In zwölf Stieleisformen füllen und jeweils einen Holzstiel in die Mitte stecken. 4–8 Stunden einfrieren.

Die Schokolade schmelzen, in einen Messbecher geben und leicht abkühlen. Das Eis am Stiel vorsichtig aus der Form lösen, schnell in die Schokolade tauchen und sogleich wieder herausziehen, dabei einen 2 cm breiten Rand an der Unterseite frei lassen. Auf Backpapier legen, auf einer Seite mit den gefriergetrockneten Beeren bestreuen und wieder einfrieren.

Emil Eshardt-Nielsen, kreativer Chefpatissier im Teesalon WinterSpring hat dieses delikate Rezept verraten. Die leichte Tarte ist ein perfekter sommerlicher Snack für diese Momente, in denen man nicht richtig hungrig ist, es einen aber nach einer Kleinigkeit zwischendurch verlangt.

ERBSENTARTE & geräucherter Käse

Ergibt 6 Tartes ■ Zubereitungszeit: 45 Minuten, plus 4–8 Stunden zum Kühlen ■ Backzeit: 30 Minuten

Zutaten

250 g Weizenmehl Type 405
10 g Zucker
5 g Salz
150 g kalte Butter, gewürfelt
1 mittelgroßes Ei
getrocknete Hülsenfrüchte, zum Blindbacken

FÜLLUNG
6 mittelgroße Eier
100 g geräucherter Weichkäse wie z. B. *Rygeost*
50 g Butter
Salz | schwarzer Pfeffer aus der Mühle
150 g frische Erbsen, gepalt
Saft von 1 Zitrone
50 g Erbsenranken und -blüten
2 EL neutrales Öl

Das Mehl, den Zucker und das Salz in einer Küchenmaschine vermengen. Die Butter zugeben und zerkleinern, bis die Mischung an feines Paniermehl erinnert. 15 ml Wasser und das Ei verquirlen und unter die Mehlmischung mixen. Den Teig zu einer Kugel formen und für 4–8 Stunden in den Kühlschrank stellen.

Den Teig in 6 Stücke teilen, ausrollen, in eingefettete geriffelte Tarteförmchen von 6 x 10 cm Größe legen und behutsam andrücken. 30 Minuten kalt stellen.

Den Ofen auf 160 °C (Ober-/Unterhitze) vorheizen. Die Förmchen mit Backpapier auslegen und mit getrockneten Hülsenfrüchten befüllen. 10 Minuten blindbacken. Hülsenfrüchte und Backpapier entfernen und weitere 10 Minuten backen, bis der Teig kross ist und Farbe angenommen hat.

Die Eier und den Käse verquirlen, mit Salz und Pfeffer würzen und auf die Tartes verteilen. 8–10 Minuten backen, bis die Eier leicht gestockt sind. 5 Minuten abkühlen lassen.

Die Butter in einer hitzebeständigen Schüssel auf einen Topf mit siedendem Wasser setzen. Beginnt die Butter zu schmelzen, mit 2 EL Wasser aufschlagen, sodass eine dünnflüssige Emulsion entsteht. Die Erbsen unterrühren und mit Salz und Zitronensaft abschmecken. Auf die Tartes löffeln.

Die Tartes auf je einen Teller geben. Für eine Vinaigrette den übrigen Zitronensaft mit dem Öl verquirlen und mit Salz und Pfeffer würzen. Die Erbsenranken darin kurz schwenken und auf die Tartes verteilen. Mit den Erbsenblüten bestreuen und servieren.

Für jede Gelegenheit gibt es die passende Remoulade, scheint es. Basis ist eine cremige Sauce (Mayonnaise, Crème fraîche, Joghurt oder Skyr) mit eingelegtem Gemüse und frischen Kräutern. Servieren Sie sie mit zur Jahreszeit passender Rohkost als gesunden Snack zwischen den Mahlzeiten oder zu Drinks.

REMOULADE mit knackigem Gemüse

Für 4 Personen ▪ Zubereitungszeit: 20 Minuten ▪ Kochzeit: keine

Zutaten

200 g Crème fraîche
100 g Skyr
Saft und Abrieb von ½ unbehandelten Zitrone
1 EL Dijonsenf
4 EL Kapern, fein gehackt
4 EL Essiggurken, fein gehackt
1 kleine Zwiebel, fein geraspelt
50 g gemischte Kräuter, z. B. Dill, glatte Petersilie und Estragon
5 EL Sahne, weich aufgeschlagen
Salz
schwarzer Pfeffer aus der Mühle

Die Crème fraîche mit dem Skyr, Zitronensaft und -abrieb und dem Senf glatt rühren. Die Kapern, die Essiggurken, die Zwiebel und die Kräuter zugeben und mit Salz und Pfeffer abschmecken. Mit Karotten, Gurken und Radieschen servieren.

Die schwarze Johannisbeerkonfitüre lässt sich einfach herstellen und genauso kann auch rote Johannisbeerkonfitüre gekocht werden. Zur Stachelbeerkonfitüre lassen sich gut Aromen kombinieren – versuchen Sie es zum Beispiel mit Holunderblüten, wenn diese im Frühsommer Saison haben.

KONFITÜREN aus Beeren der Saison

Stachelbeerkonfitüre

Ergibt 5 Gläser à 225 g ▪ Zubereitungszeit: 30 Minuten ▪ Kochzeit: 25–30 Minuten

Zutaten

1 kg Stachelbeeren
900 g Zucker
AROMEN
Holunderblüten, 1 EL leicht zerdrückte Kardamomkapseln, 2 Zimtstangen, 3 Zweige Zitronenverbene, 3 Zweige Rosmarin, 3 Zweige Zitronenthymian

Die Stachelbeeren mit 300 ml Wasser in einen großen Topf geben und nach Wunsch die Holunderblüten dazugeben. Bei niedriger Temperatur 15 Minuten kochen, bis die Beeren weich sind.

Nach Belieben Aromen hinzufügen oder, falls Holunderblüten verwendet wurden, diese nun entfernen und durch ein Passiertuch gut in den Topf ausdrücken. Den Zucker zu den Beeren geben. Wenn er sich aufgelöst hat, die Temperatur erhöhen und 10 Minuten unter Rühren kochen. Gelierprobe machen.

Die Konfitüre in saubere Gläser füllen, dann abkühlen lassen, verschließen und kalt stellen. Alternativ direkt verschließen und in einem Einkochtopf 15 Minuten kochen lassen. So ist die Konfitüre ungeöffnet bis zu einem Jahr haltbar.

Schwarze Johannisbeerkonfitüre

Ergibt 2 Gläser à 500 g ▪ Zubereitungszeit: 10 Minuten ▪ Kochzeit: 25 Minuten

Zutaten

600 g frische schwarze Johannisbeeren, Stiele entfernt
Mark von 1 Vanilleschote, 3 Sternanis- oder 4 Kardamomkapseln, leicht aufgeklopft
600 g Zucker
Saft von 1 großen Zitrone (etwa 100 ml)

Die schwarzen Johannisbeeren zusammen mit 500 ml Wasser und dem Vanillemark, dem Sternanis oder dem Kardamom in einen Topf geben und zum Kochen bringen. Die Temperatur reduzieren und die Beeren 20 Minuten köcheln lassen, bis sie sehr weich sind.

Den Zucker zugeben und rühren, bis er sich aufgelöst hat. Zum Kochen bringen und weiterkochen, bis das Zuckerthermometer eine Temperatur von 105 °C anzeigt oder bis die Gelierprobe gelingt. Nach Belieben Zitronensaft zugeben, um die Süße der Konfitüre auszugleichen.

Die Konfitüre in saubere Gläser füllen, dann abkühlen lassen, verschließen und kalt stellen. An einem dunklen kühlen Ort bis zu 6 Monate lagern.

ABENDESSEN

Herzhafte Eintöpfe, Suppen und Braten sind außerordentlich beliebte Wintergerichte in Dänemark, doch schon beim geringsten Sonnenstrahl im Frühling ist dies vergessen, und in Kopenhagen wird der Grill angeheizt. Die Leute lieben es zu grillen und es sich zu Hause in geselliger Runde mit Familie und Freunden gutgehen zu lassen.

Im Spisehuset, einem kleinen Restaurant in Kopenhagens Schlachthofviertel Kødbyen, werden nur Lebensmittel aus biologischem und biodynamischem Anbau und Fisch aus nachhaltiger Zucht verwendet. Das Gemüse stammt von kleinen lokalen Betrieben, mit denen das Spisehuset eng zusammenarbeitet.

KABELJAUTATAR mit Spargel

Für 4 Personen ■ Zubereitungszeit: 20 Minuten, plus 4 Stunden zum Einsalzen ■ Kochzeit: 10 Minuten

Zutaten

300 g Kabeljaufilet ohne Haut
Salz, zum Einsalzen
50 g Roggenbrot, in Scheiben geschnitten
1–2 EL kalt gepresstes Olivenöl
8 grüne Stangen Spargel, in lange Streifen gehobelt
50 g Mizuna oder anderer Blattsenf
2–4 EL eingelegte Senfsaat (siehe Tipp)
Kräuterblüten und/oder Dill

SENFMAYONNAISE
2 Eigelb
1 TL Weißweinessig
2 TL Dijonsenf
200 ml Rapsöl

Den Kabeljau einsalzen und mindestens 4 Stunden stehen lassen.

In der Zwischenzeit den Ofen auf 140 °C (Ober-/Unterhitze) vorheizen. Das Brot 10 Minuten darin trocknen, bis es knusprig geworden ist. Abkühlen lassen und dann in einer Küchenmaschine zu feinen Bröseln mahlen.

Den Kabeljau mit einem scharfen Messer fein hacken. Mit Olivenöl und nach Bedarf mit mehr Salz abschmecken.

Für die Mayonnaise die Eigelbe, den Essig und den Senf in einem Mixer aufschlagen. Das Gerät weiterlaufen lassen und nach und nach das Rapsöl zugießen. Die Mayonnaise in einen Spritzbeutel oder in eine Schüssel füllen.

Den Fisch auf vier Teller verteilen. Den Spargel und die Mizunablätter ebenfalls auf den Tellern anrichten und jeweils 3–4 kleine Mayonnaise-Tupfen und etwas eingelegte Senfsaat auf die Teller geben. Mit dem gemahlenen Brot bestreuen und abschließend mit Kräuterblüten und/oder Dillkraut bestreuen.

Tipp: Für eingelegte Senfsaat 50 g gelbe Senfsaat neun Mal in Wasser aufkochen, dabei das Wasser jedes Mal erneuern. 300 ml Apfelessig, 300 ml Wasser und 300 g Zucker zusammen erhitzen, bis der Zucker aufgelöst ist. Die Senfsaat zugeben und zum Kochen bringen. 10 Minuten köcheln und dann abkühlen lassen. Ergibt 600 ml.

Frikadeller sind Fleischklößchen aus Schweine- und Kalbshackfleisch, sie können aber auch mit Fisch zubereitet werden. In Kopenhagen kann man gemischtes Hackfleisch bereits fertig kaufen und muss dann selbst nur noch nach Belieben Gewürze zugeben.

»FRIKADELLER« Frikadellen vom Fleisch

Für 4 Personen ▪ Zubereitungszeit: 15 Minuten ▪ Kochzeit: 12–15 Minuten

Zutaten

300 g Schweinehackfleisch
300 g Kalbshackfleisch
Salz
schwarzer Pfeffer aus der Mühle
2 EL Weizenmehl
1 Wacholderbeere, zerstoßen
1 Zwiebel, fein geraspelt
1 Ei
50 g Butter, zum Braten

Das Hackfleisch, Salz, Pfeffer und das Mehl mit den Händen vermischen, dann die Wacholderbeere und die geraspelte Zwiebel zugeben. Ein kleines Bällchen formen, in etwas Butter anbraten und probieren. Masse nachwürzen, falls nötig. Das Ei verquirlen, zum Hackfleisch geben und gut vermischen.

Die Butter bei mittlerer Temperatur in einer Bratpfanne schmelzen. Einen großen Löffel in die Butter tauchen und damit eine Portion aus der Fleischmasse abstechen. Mit den Handflächen zu einem ovalen Kloßchen formen und in die Bratpfanne geben. Weitere Fleischklößchen formen, insgesamt sollte die Masse 12 Stück ergeben.

Die Fleischklößchen 8–12 Minuten braten, dabei mehrmals wenden. Evtl. im heißen Ofen fertiggaren, um sicherzugehen, dass sie ganz durchgebraten sind. Mit neuen Kartoffeln mit Liebstöckel (Seite 188) und eingelegtem Gemüse (Seite 100) servieren und mit gehackter Petersilie garnieren.

Dieses Gericht aus Rindfleisch und Kartoffeln, wörtlich »Kapitänstopf«, wurde früher für die Schiffsbesatzungen auf hoher See gekocht. Das Fleisch wurde gepökelt und dann langsam mit Kartoffeln geschmort. Servieren Sie es mit eingelegter Roter Bete (Seite 100).

»SKIPPERLABSKOVS« Labskaus

Für 8 Personen ■ Zubereitungszeit: 30 Minuten ■ Kochzeit: 2 ½ Stunden

Zutaten

1 kg Gulaschfleisch vom Rind
Salz
schwarzer Pfeffer aus der Mühle
4 EL Pflanzenöl
4 Zwiebeln, in 1 cm breite Ringe geschnitten
2 EL Rotweinessig
500 ml Rinderfond
2 EL Thymianblätter
2 Lorbeerblätter
1 ½ kg mehlige Kartoffeln, geschält
80 g Butter
Schnittlauch
Schnittlauchblüten

Das Rindfleisch in etwa 2 ½ cm große Stücke schneiden und gut salzen und pfeffern.

Das Öl in einem großen tiefen Topf erhitzen. Das Fleisch dazugeben und 8–10 Minuten anbraten. Auf Küchenpapier abtropfen lassen. Die Zwiebeln in den Topf geben und 5 Minuten anschwitzen. Mit dem Essig ablöschen und langsam den Fond einrühren. Die Thymian- und Lorbeerblätter mit dem Fleisch wieder in den Bräter geben und alles zum Kochen bringen.

In der Zwischenzeit die Kartoffeln in drei Größen schneiden: 500 g in 1 cm große Stücke, 500 g in 2 cm große Stücke und die übrigen 500 g in 4 cm große Stücke. Alle zum Eintopf geben. Nicht vollständig mit einem Deckel verschließen und 1 ½ Stunden schmoren. Gut umrühren und 1 weitere Stunde schmoren, oder bis das Fleisch mürbe und der Eintopf gut eingedickt ist. Nach Bedarf abschmecken.

Den Labskaus in Schalen mit einem Klecks Butter in der Mitte servieren und mit Schnittlauch und, falls erhältlich, Schnittlauchblüten garnieren. Dazu eingelegte Rote Bete (Seite 100) reichen.

Vermutlich ist dies Dänemarks Nationalgericht. Dünne Scheiben Schweinebauch werden ganz einfach mit Salz und Pfeffer gewürzt und auf einem Holzkohlegrill knusprig-zart gebraten. Servieren Sie sie mit kleinen neuen Kartoffeln und Petersiliensauce.

»STEGT FLÆSK« Schwein & Kartoffeln

Für 6 Personen ■ Zubereitungszeit: 30 Minuten, plus 20–30 Minuten zum Ruhen ■ Kochzeit: 45 Minuten

Zutaten

1 kg Schweinebauch, in 1 cm dicke Scheiben geschnitten
Salz
schwarzer Pfeffer aus der Mühle
1 kg kleine neue Kartoffeln
10 g Butter
2 EL Weizenmehl
350 ml Vollmilch
1 großes Bund krause oder glatte Petersilie

Die Schweinebauchstreifen nebeneinander auf ein Backblech legen und auf beiden Seiten würzen. 30 Minuten bei Zimmertemperatur ruhen lassen. In der Zwischenzeit einen Holzkohlegrill anzünden und auf mittlere Temperatur erhitzen, dabei eine Seite des Grills stärker aufheizen. So kann das Fleisch auf die kühlere Seite geschoben werden, sollte die Holzkohle zu schnell verglühen.

Die Kartoffeln in einem großen Topf mit Wasser bedecken, zum Kochen bringen und die Temperatur auf ein leichtes Köcheln reduzieren. Salz zugeben und 20 Minuten garen, bis die Kartoffeln weich sind. Abgießen und das Kochwasser aufbewahren.

Für die Sauce die Butter in einem kleinen Topf schmelzen und das Mehl einrühren. Bei niedriger Temperatur nach und nach die Milch zugießen. Unter Rühren zum Kochen bringen und eindicken lassen. ¾ der Petersilie zugeben und die Sauce mit 100 ml des Kochwassers verdünnen. Zudecken und beiseitestellen.

Einen Grillrost auf die Holzkohle legen. Das Schweinefleisch auf der heißeren Seite verteilen, 3–5 Minuten grillen und dann wenden. Das Fleisch sollte am Rand recht knusprig sein. Mit den Kartoffeln und der Petersiliensauce servieren.

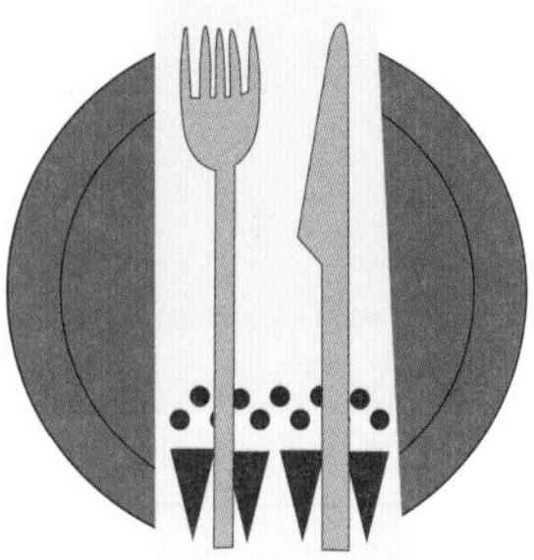

Jeder Däne hat seine ganz eigene Meinung dazu, wie sich die bestmögliche Bratenkruste erzielen lässt. Einigkeit besteht darüber, dass man tiefe Schnitte durch die Schwarte in das Fett machen muss und dass Schwarte wie auch Einschnitte mit Salz eingerieben werden müssen. Stecken Sie außerdem einige Lorbeerblätter und Gewürznelken in die eingeschnittene Schwarte.

»FLÆSKSTEG« Schweinekrustenbraten

Für 8 Personen ■ Zubereitungszeit: 30 Minuten, plus eine Nacht zum Ruhen ■ Kochzeit: 1 ½ Stunden

Zutaten

1 ½ kg Schweinscarré mit Knochen, die Schwarte in regelmäßigen Abständen von 5 mm eingeschnitten
2 EL feines Salz
8–10 Lorbeerblätter
20–24 ganze Gewürznelken
2 große Karotten, 2 Zwiebeln, 2 Petersilienwurzeln oder 4 Stangen Sellerie zum Braten
3 Äpfel, vom Kernhaus befreit und in 8 Spalten zerteilt
12 kleine rote Zwiebeln, halbiert
50 g Butter
1 Schuss Rotwein oder Rotweinessig
2 EL Weizenmehl
350 ml Fleisch- oder Gemüsefond

Das Fleisch trockentupfen und dann Schwarte und Fleisch außen mit Salz einreiben. Die Lorbeerblätter in regelmäßigen Abständen mittig in die Einschnitte stecken und die Gewürznelken links und rechts an den Außenkanten der Schwarte verteilen. Über Nacht in den Kühlschrank stellen.

Am nächsten Tag den Ofen auf 220 °C (Ober-/Unterhitze) vorheizen. Den Braten mit der Hautseite nach unten in einen großen Bräter legen und etwa 2 cm hoch Wasser angießen, sodass die Schwarte vollständig mit Wasser bedeckt ist. 30 Minuten im Ofen garen.

Die Temperatur auf 180 °C (Ober-/Unterhitze) reduzieren. Den Braten aus dem Bräter nehmen, umdrehen und mit der Schwarte nach oben beiseitestellen. Das Gemüse in die Mitte des Bräters füllen und sicherstellen, dass es auf einer Seite etwas höher aufgehäuft ist. Den Braten mit dem schmaleren Ende auf das höher aufgeschichtete Gemüse legen. Wieder in den Ofen stellen und die Zeit messen: 20 Minuten pro 500 g Fleisch.

Den Braten auf einem Schneidebrett ruhen lassen und das Gemüse aus dem Bräter nehmen. Die Äpfel, die Zwiebeln und die Butter in einer großen ofenfesten Pfanne im Ofen braten. In der Zwischenzeit den Bräter mit dem Bratensaft auf dem Herd köcheln lassen. Mit einem Schuss Wein oder Weinessig ablöschen und unter Rühren nach und nach 100–200 ml Fond zugeben und einreduzieren lassen. Nach Bedarf mit Salz abschmecken. Die Sauce passieren und mit dem Schweinekrustenbraten sowie den Äpfeln und Zwiebeln servieren.

Laut Mia Christensen, Souschef im Barr, besteht eines der Geheimnisse hinter einem saftigen Schnitzel im Einlegen des Fleisches. Dies ist zwar nicht zwingend notwendig, lohnt aber den Aufwand allemal. Eine einfache Salzlake wird aus 1 Liter Wasser, 100 g Salz, leicht zerstoßenen Piment- und schwarzen Pfefferkörnern sowie einem Lorbeerblatt hergestellt.

»BARR« SCHNITZEL mit Buttersauce

Für 4 Personen ■ Zubereitungszeit: 30 Minuten, plus 2–8 Stunden Einlegen (optional) ■ Kochzeit: 15 Minuten

Zutaten

VINAIGRETTE
220 g kalt gepresstes Rapsöl
50 ml Apfelessig
35 ml Weißweinessig
15 g grobkörniger Senf
1 g Currypulver
1 g Cayennepfeffer
5 g Tabasco
2 ml Sojasauce

200 g frische Erbsen (Reingewicht)
1 Portion Schnittlauchöl (Seite 92)

SCHNITZEL
700 g Schweinefilets à 140 g, 2–8 Stunden eingesalzen
100 g *Panko* (japanisches Paniermehl, Asialaden)
50 g Weizenmehl
2 Eiweiß, mit einer Gabel verquirlt
Butterschmalz und neutrales Öl, zum Ausbacken
Salz

BRAUNE BUTTERSAUCE
200 g Butter
2 unbehandelte Zitronen, Fruchtfleisch gewürfelt
50 g Anchovis, in 1 cm große Stücke geschnitten
1 Schalotte, fein gehackt
50 g Kapern

Für die Vinaigrette alle Zutaten vermischen. Die Erbsen mit dem Schnittlauchöl und der Vinaigrette marinieren.

Das Fleisch trockentupfen und in zwei dünne Scheiben schneiden, dabei die beiden Hälften nicht vollständig durchtrennen. Zwischen zwei Bögen Backpapier legen und mit einem Fleischklopfer 6–8 mm dünn klopfen.

Die Schnitzel zunächst im Mehl, dann im Eiweiß und schließlich im *Panko* wenden. Ausreichend Butterschmalz und Öl in einer großen Pfanne auf 170 °C erhitzen. Die Schnitzel 2 Minuten auf jeder Seite ausbacken und salzen. Auf Küchenpapier abtropfen lassen und salzen.

Für die Sauce die Butter unter Rühren in einer Pfanne langsam auf 170 °C erhitzen. Ist sie karamellisiert, zunächst auf Zimmertemperatur abkühlen lassen und dann durch ein Passiertuch sieben. Die Butter auf 75 °C erhitzen, die übrigen Zutaten zugeben und 3 Minuten köcheln lassen.

Die Schnitzel mit der Buttersauce und den Erbsen servieren. Nach Belieben Meerrettichcreme (Seite 98) dazu reichen.

Auch die moderne Kopenhagener Küche kreiert mit Vorliebe ein heimeliges »hygge«-Gefühl, doch die Zutatenkombinationen sind klarer und unverfälschter. Immer noch wärmend und einladend, ist zum Beispiel diese Hühnersuppe einfach nicht mehr so stärkelastig wie früher. Und Meerrettich, Dill und Petersilie geben ihr den letzten Schliff.

WINTERSUPPE von Huhn & Kohl

Für 6 Personen ■ Zubereitungszeit: 1 Stunde ■ Kochzeit: 2 Stunden

Zutaten

1 ganzes Huhn (1 ½kg)
2 Stangen Sellerie oder Liebstöckel
1 Zwiebel, halbiert
1 Bouquet garni aus 2 Lorbeerblättern, 6 Zweigen Thymian und 4 Stängeln Petersilie
1 EL ganze schwarze Pfefferkörner
1 EL Salzflocken

ZUM SERVIEREN
2 mittelgroße Stangen Lauch, in Ringe geschnitten
225 g Knollensellerie, geschält und gewürfelt
2 mittelgroße mehligkochende Kartoffeln, mit der Schale gekocht, abgekühlt, geschält und gewürfelt
225 g Palmkohl, in 5 cm breite Streifen geschnitten
Meerrettich, frisch gerieben
Petersilie, gehackt
Dill, gehackt
kalt gepresstes Olivenöl
Meersalzflocken

Das Huhn in einen großen Topf geben und mit 3 Litern Wasser zum Kochen bringen. Den Schaum auf der Oberfläche mit einer Schaumkelle abschöpfen, die Temperatur reduzieren und die Selleriestangen, die Zwiebel, das Bouquet garni, das Salz und die Pfefferkörner zugeben. Rühren und 2–3 Stunden sieden lassen, bis das Huhn weich ist. Abkühlen lassen, das Huhn aus dem Topf nehmen und beiseitestellen. Die Brühe durch ein mit einem Passiertuch ausgelegtes Sieb abseihen, das Suppengrün wird nicht mehr benötigt.

Das Hühnerfleisch von Haut und Knochen lösen und in mundgerechte Stücke zerteilen.

Unmittelbar vor dem Servieren die Brühe erneut auf dem Herd erhitzen, den Lauch und den Knollensellerie hineingeben und 15 Minuten köcheln lassen. Die Kartoffeln und den Palmkohl dazugeben und weitere 5 Minuten kochen, bis alles Gemüse gar ist. Nach Bedarf abschmecken.

Das Hühnerfleisch auf große flache Schalen verteilen und Brühe und Gemüse daraufschöpfen. Mit dem Meerrettich, den gehackten Kräutern, etwas kalt gepresstem Olivenöl und Meersalzflocken servieren.

Das Restaurant La Banchina befindet sich in einer boomenden Gegend von Kopenhagen, Refshaleøen. Die Ausstattung der Küche ist eher rudimentär, das Geschirr einfach. Um sich mit frischen Kräutern zu versorgen, nutzt das Restaurant die Vegetation der Küste.

ABENDESSEN IM FREIEN
Lachs aus dem Ofen

Für 4 Personen ▪ Zubereitungszeit: 45 Minuten ▪ Kochzeit: 30 Minuten

Zutaten

KNOBLAUCHSAHNE
300 g Sahne
4 Knoblauchzehen, geschält und zerdrückt
Salz

PETERSILIENÖL
200 g glatte Petersilie mit Stängeln, gewaschen, abgetrocknet und grob gehackt
200 ml neutrales Öl

LACHS
800 g Lachsfilet mit Haut, entgrätet
Salz
3 EL Olivenöl
500 g Mangold, geputzt
15 g Strandkräuter, z. B. Vogelmiere oder Gartenmelde

Den Ofen auf 180 °C (Ober-/Unterhitze) vorheizen.

Für die Knoblauchsahne die Sahne und den Knoblauch 10 Minuten sanft erhitzen. Von der Herdplatte nehmen, mindestens 30 Minuten ziehen lassen und mit Salz abschmecken. Unmittelbar vor dem Servieren erneut erwärmen.

Für das Petersilienöl die gehackte Petersilie und das Öl in einem Mixer 10 Minuten pürieren. In eine Schale oder ein Kännchen sieben.

Den Lachs auf ein großes Backblech legen, salzen und mit ¾ des Olivenöls beträufeln. 20 Minuten im Ofen garen, bis er gerade weich und in der Mitte noch rosa ist. Er sollte leicht zerfallen.

Eine große gusseiserne Bratpfanne erhitzen, ein wenig des restlichen Olivenöls hineinträufeln und die Hälfte des Mangolds zugeben. 3–5 Minuten braten, bis er etwas zusammenfällt. Herausnehmen und mit dem restlichen Mangold genauso verfahren. Den Fisch locker in große Stücke zerteilen und auf vier Tellern anrichten. Den Mangold darauf platzieren und die Knoblauchsahne ohne die Knoblauchzehen darüberlöffeln. Mit etwas Petersilienöl beträufeln und mit den Strandkräutern garnieren.

Stadtgärten

Obwohl das Land nirgendwo in Kopenhagen weit entfernt ist und viele Einheimische kleine Schrebergärten am Stadtrand ihr Eigen nennen, ist es doch etwas ganz Besonderes, wenn man im zweiten Stock einfach nur aus dem Fenster greifen muss, um etwas frische Petersilie zu ernten, oder wenn man auf dem Dach mal eben ein paar reife Tomaten pflücken kann. »Urban farming« boomt in Kopenhagen. Wie in vielen anderen Städten nutzen die Einwohner jeglichen verfügbaren Platz dafür, vom Hausdach und Balkon über die Hinterhöfe bis hin zum öffentlichen Raum. Alles, was man braucht, ist ein sonniges Plätzchen.

Die Scholle ist ein beliebter Fisch der Dänen. Sie kann paniert, gebraten oder als Belag für smørrebrød verwendet werden. Hier wird einfach der ganze Fisch in einer Mischung aus kalt gepresstem Olivenöl und Butter gebraten und dann mit karamellisierten Zitronenscheiben und Kartoffeln serviert.

»RØD SPÆTTE« Scholle Müllerinart

Für 2 Personen ▪ Zubereitungszeit: 10 Minuten ▪ Kochzeit: 20–25 Minuten

Zutaten

2 ganze Schollen à 350 g, ausgenommen und gewaschen
Salz
schwarzer Pfeffer aus der Mühle
2 EL Roggenmehl
2 EL kalt gepresstes Olivenöl
100 g Butter
2 unbehandelte Zitronen, in 5 mm dicke Scheiben geschnitten
2 EL Petersilie, gehackt

Den Fisch trockentupfen und dann gut salzen und pfeffern. Das Roggenmehl auf einen flachen Teller geben und den Fisch darin wälzen.

Das Öl in einer großen flachen Pfanne erhitzen, 25 g Butter zugeben und, sobald sie geschmolzen ist und brutzelt, die erste Scholle hineinlegen. Auf jeder Seite 5–8 Minuten braten, bis die Haut knusprig und das Fleisch nicht mehr glasig ist und eine reinweiße Farbe angenommen hat. Den Fisch aus der Pfanne nehmen und im Ofen warm halten, während die zweite Scholle mit einem weiteren großen Klecks Butter in der Pfanne gebraten wird.

Gleichzeitig die übrige Butter in einer weiteren Pfanne schmelzen und die Zitronenscheiben hinzufügen. 5 Minuten braten, bis sie auf beiden Seiten gebräunt sind. Die Petersilie hinzufügen.

Je eine Scholle auf einen Teller legen und die Zitronenscheiben, die Petersilie und die Butter darüberlöffeln. Mit gekochten neuen Kartoffeln servieren.

Zwischen September und April schmecken Miesmuscheln am besten, sie sind dann fleischig und süß. Viele von ihnen stammen inzwischen aus Aquakulturen, sie zu putzen ist also viel einfacher. Achten Sie darauf, dass alle rohen Muscheln aussortiert werden, die sich auch auf beherztes Klopfen gegen die Schale nicht schließen – sie sind tot.

MIESMUSCHELN mit Zwiebeln & Grünkohl

Für 4 Personen ■ Zubereitungszeit: 30 Minuten ■ Kochzeit: 30 Minuten

Zutaten

25 g Butter
2 große Zwiebeln, halbiert und in 5 mm dicke Scheiben geschnitten
150 ml dunkler Sherry
2 kg Miesmuscheln (siehe oben)
350 g Grünkohl
250 g Crème fraîche
Salz
schwarzer Pfeffer aus der Mühle

Die Butter in einem hohen großen Topf mit dicht schließendem Deckel schmelzen. Die Zwiebeln 10–12 Minuten darin anschwitzen, bis sie braun zu werden beginnen. Mit dem Sherry ablöschen und 3 Minuten köcheln lassen. Die Miesmuscheln dazugeben und mit den Zwiebeln und der Flüssigkeit vermengen. Bei geschlossenem Deckel 10 Minuten dämpfen.

Den Topfdeckel öffnen und die Crème fraîche einrühren. Den Grünkohl auf die Miesmuscheln legen und 5 Minuten garen, bis er zusammenfällt. Muscheln, die sich während des Kochvorgangs nicht geöffnet haben, entsorgen.

Den Grünkohl und die Muscheln auf vier Schalen verteilen. Den Sud nach Bedarf mit Salz und Pfeffer abschmecken und über die Muscheln schöpfen. Mit knusprigem Sauerteigbrot servieren.

Es gibt in Kopenhagen seit mindestens 5 Jahren diesen köstlichen Trend: Gemüse wie Fleisch werden in einer gusseisernen Pfanne richtiggehend verkohlt.

GEGRILLTER LAUCH mit Mandeln

Für 4 Personen ▪ Zubereitungszeit: 30 Minuten ▪ Kochzeit: 20–25 Minuten

Zutaten

4–8 Stangen Lauch, abhängig von ihrem Umfang
Meersalz
1 gehäufter EL Schweineschmalz oder Bratenfett
50 g rohe Mandeln, grob gehackt
2 EL fermentierter Rotweinessig (Seite 124)
100 g Crème fraîche, Skyr oder frischer Ziegenquark

Die Lauchstangen mitsamt der Wurzel der Länge nach halbieren, gut waschen und trockentupfen.

Eine große gusseiserne Bratpfanne oder eine große flache Grillpfanne erhitzen. Sobald sie sehr heiß ist, die Lauchstangen nebeneinander mit der Schnittfläche nach unten hineinlegen und 3–5 Minuten grillen, bis sie beinahe schwarz verkohlt sind.

Die Lauchstangen wenden und die Temperatur reduzieren. Salzen und weitere 2 Minuten grillen, dann das Schweineschmalz bzw. Bratenfett dazugeben. 5 Minuten braten, bis der Lauch weich ist. Beiseitestellen.

Die Mandeln in eine kleine Pfanne geben und 3–5 Minuten rösten. Mit dem Essig ablöschen und verrühren. Die Crème fraîche, den Skyr oder den Ziegenquark auf einer großen Platte verstreichen und den Lauch darauf platzieren. Die Mandeln mit der Flüssigkeit darauflöffeln und alles mit Meersalz bestreuen.

Diese Vorspeise oder auch Beilage ist eine Variation eines Rezepts von Nikolaj Kirk für Råkost af Blomkål, eine raffinierte Blumenkohlrohkost. Dafür wird der gesamte Blumenkohl genutzt: Aus den Röschen wird ein Püree hergestellt und aus dem Strunk werden knackige dünne Scheiben gehobelt.

BLUMENKOHL mit Zitrone & Pumpernickel

Für 4 Personen ■ Zubereitungszeit: 30 Minuten ■ Kochzeit: 15 Minuten

Zutaten

1 großer Blumenkohl (etwa 350 g), ohne die grünen Blätter
100 g Sahne oder Crème fraîche
Salz
schwarzer Pfeffer aus der Mühle
Saft und Abrieb von 1 unbehandelten Zitrone
2–3 EL kalt gepresstes Olivenöl
50 g Pumpernickelbrösel
50 g dünn gehobelter Parmesan

Den Blumenkohl in Röschen zerteilen. Den großen Strunk in der Mitte in einem Stück belassen und beiseitestellen. Die Blumenkohlröschen 15 Minuten in Salzwasser kochen, bis sie sehr weich sind.

Den Strunk mit einer Mandoline fein hobeln. Die Scheiben in eine Schüssel mit Eiswasser legen, bis sie benötigt werden.

Die Röschen abgießen und dabei etwas Kochwasser zurückbehalten. In einer Küchenmaschine oder einem Mixer mit der Sahne oder der Crème fraîche glatt pürieren. Mit dem Zitronensaft, Salz und Pfeffer abschmecken.

Das Püree auf einer flachen Schale verstreichen. Die Pumpernickelbrösel, den Parmesan, den Zitronenabrieb, die Hälfte des Öls und zuletzt die knackigen Blumenkohlhobel darauf verteilen. Mit Öl beträufelt, etwas Zitronenabrieb und Pfeffer garniert servieren.

Kleine Kartoffeln sind aus der dänischen Küche nicht wegzudenken. Von Fleischklößchen über Wiener Schnitzel bis hin zu Schweinekrustenbraten werden sie mit den einfachsten wie auch den aufwendigsten Gerichten serviert.

KARTOFFELN mit Kräutern

Neue Kartoffeln mit Liebstöckel

Für 6 Personen ▪ Zubereitungszeit: 30 Minuten ▪ Kochzeit: 15–20 Minuten

Zutaten

500 g neue Kartoffeln
1 EL Salz
2 große Stängel Liebstöckel oder Petersilie

Die Kartoffeln mit 1 EL Salz in eine Schüssel geben und mit den Händen gut abreiben, dabei das Salz kräftig in die Kartoffelschalen einmassieren. Die Kartoffeln zusammen mit dem Liebstöckel in einem großen Topf Wasser zum Kochen bringen. Sieden lassen, bis die Kartoffeln gar, aber noch bissfest sind. Abgießen und in den Topf zurückgeben. Große Kartoffeln halbieren. Salzen und warm oder kalt servieren.

Bratkartoffeln

Für 4 Personen ▪ Zubereitungszeit: 20 Minuten ▪ Kochzeit: 30–40 Minuten

Zutaten

500 g Kartoffeln
Salz
30 g Butter

Die Kartoffeln in einem großen Topf mit kochendem Salzwasser gar kochen. Abgießen und abkühlen lassen. Kleine Kartoffeln halbieren, große in 2 ½ cm große Stücke schneiden. Die Butter in einer großen Bratpfanne erhitzen, Kartoffeln dazugeben und 5–10 Minuten braten, bis sie knusprig braun und stellenweise karamellisiert sind. Nach Belieben mit Salz abschmecken.

Kartoffeln mit Crème fraîche und Dill

Für 4 Personen ▪ Zubereitungszeit: 20 Minuten ▪ Kochzeit: 25 Minuten

Zutaten

500 g kleine Kartoffeln, geschält
Salz
25 g Butter
200 g Crème fraîche
25 g Dill, fein gehackt

Die Kartoffeln in einem Topf mit kochendem Salzwasser 20 Minuten kochen, dann abgießen und längs halbieren. Die Butter in einer großen Pfanne schmelzen und die Kartoffeln zugeben. Dann die Kartoffeln mit der Crème fraîche vermengen. Nach Belieben salzen und den Dill unterrühren. Warm servieren.

Grød, also Getreidebrei oder auch -grütze, ist die dänische Interpretation eines Risottos. Verwendung findet darin eben kein Reis, sondern das Getreide, das zur Verfügung steht – Gerste, Hafer und Weizen.

»GRØD RISOTTO« mit Champignons

Für 4 Personen ■ Zubereitungszeit: 40 Minuten ■ Kochzeit: 30 Minuten

Zutaten

1 l Hühner- oder Gemüsebrühe
350 g gemischte Pilze der Saison (z. B. Shiitake-Pilze, braune Champignons, Pfifferlinge, Kräuterseitlinge und Buchenpilze), je nach Größe in Scheiben geschnitten und den Stiel klein gehackt
2 EL Traubenkern- oder Sonnenblumenöl
1 große Zwiebel, gehackt
225 g Gerstengraupen
100 ml trockener Weißwein
Salz
schwarzer Pfeffer aus der Mühle
75 g Parmesan, fein gerieben, plus mehr zum Servieren
25 g Butter
150 g Babymangold oder junge Rote-Bete-Blätter

Die Brühe in einen Topf geben und leicht zum Kochen bringen.

Das Öl in einer großen tiefen Pfanne erhitzen und die Zwiebel 5–8 Minuten darin glasig anschwitzen. Eventuelle gehackte Pilzstiele mitdünsten, bis sie gerade weich sind. Die Gerste einrühren. Den Wein zugießen und 2–3 Minuten köcheln lassen. 2 Schöpfkellen Brühe zugießen und unter Rühren 5 Minuten einkochen lassen. Weiter regelmäßig Brühe zugießen, bis die Gerste nach etwa 25 Minuten gar ist. Darauf achten, dass sie immer noch etwas Biss hat. Mit Salz und Pfeffer abschmecken, dann von der Herdplatte nehmen und den Köse einrühren. Bei geschlossenem Deckel 5 Minuten ruhen lassen.

In der Zwischenzeit die Butter in einer großen Bratpfanne schmelzen und die Pilze in Scheiben bei sehr hoher Temperatur gut anbraten. Sie sollten gebräunt und noch nicht zu weich sein. Das Blattgemüse einrühren und mitgaren, bis es gerade zusammenfällt. Den Deckel von der Pfanne mit dem »Risotto« nehmen und gut umrühren. Nach Bedarf mit Salz abschmecken und etwas mehr Brühe hinzufügen, falls es zu dick geraten sein sollte. Es sollte locker und cremig sein. Die Pilze und das Blattgemüse darüberlöffeln und mit mehr Käse servieren.

LODGE

BESONDERE ANLÄSSE

Nicht nur Weihnachten und Silvester sind große Festtage für alle Dänen. Am Weihnachtsabend gibt es, je nach Familientradition, ein großes Festmahl mit gebratener Ente oder Gans. Silvester ist undenkbar ohne den traditionellen kransekage. Zu Ostern gehört gebeizter Lachs. Und im Sommer wird bei gutem Wetter der Grill angeheizt. Gegrillt wird alles vom Schweinefleisch bis hin zu Meeresfrüchten – jede Ausrede ist willkommen, wenn man nur draußen sein kann. Am längsten Tag des Jahres werden an der Küste Lagerfeuer entzündet und alle kommen zusammen, um zu feiern.

Die Dänen sind wirklich gut darin, die Natur zu genießen, sei es am Strand, im Wald oder auf Wiesen und Feldern – besonders, wenn die Sonne scheint. Dieses Rezept kann für Miesmuscheln, Venusmuscheln, Krabben, Garnelen oder auch Krebse verwendet werden. Fenchel und Meeresfrüchte passen einfach ausgezeichnet zusammen.

MUSCHELN mit Fenchel & Petersilie

Für 6 Personen ■ Zubereitungszeit: 20 Minuten, plus 30 Minuten zum Ruhen ■ Kochzeit: 30 Minuten

Zutaten

2 kg kleine Muscheln, z. B. Manila-, Venus- oder Miesmuscheln
2 EL Roggenmehl
2 EL Sonnenblumen- oder Traubenkernöl
1 Zwiebel, grob gehackt
2 Knollen Fenchel (etwa 350 g), in dünne Scheiben geschnitten
150 ml trockener Weißwein
250 g Crème fraîche
4 EL glatte Petersilie, gehackt
Salz
schwarzer Pfeffer aus der Mühle

Die Muscheln waschen, in eine große Schüssel mit Eiswasser geben, das Mehl hinzufügen und vermengen. 30 Minuten bei Zimmertemperatur stehen lassen. Unter fließendem Wasser erneut gründlich waschen. Gebrochene Muscheln und solche, die nach dem Klopfen mit den Fingerspitzen oder mit dem Löffel geschlossen bleiben, müssen aussortiert werden. Die Muscheln in den Kühlschrank stellen.

Das Öl in einer großen tiefen Bratpfanne erhitzen, die Zwiebel und den Fenchel zugeben und 8–10 Minuten glasig anschwitzen. Die Muscheln, dann den Wein dazugeben und gut rühren. Sobald der Sud köchelt, den Pfannendeckel auflegen und 10 Minuten weiterköcheln lassen. Die Crème fraîche einrühren und zugedeckt weitere 10 Minuten garen, bis die Muscheln sich öffnen. Muscheln, die sich bis zu diesem Zeitpunkt nicht geöffnet haben, unbedingt entsorgen.

Umrühren und mit Salz und Pfeffer abschmecken. Petersilie über die Muscheln streuen und mit Sauerteigbrot und Butter servieren.

Die Gurke wird von den Dänen sehr geschätzt und erhält in vielen Gerichten einen Ehrenplatz. Hier wird der frische Gurkengeschmack durch die pfeffrig schmeckenden Blätter und Blüten der Kapuzinerkresse ergänzt.

GURKENSALAT mit Kapuzinerkresseblüten

Für 6 Personen ▪ Zubereitungszeit: 25 Minuten, plus 40 Minuten zum Ziehen ▪ Kochzeit: keine

Zutaten

1 Salatgurke (der Sorte *Englische Gurke*, sofern erhältlich)
3–4 Frühstücksgurken (der Sorte *Persische Gurke*, sofern erhältlich)
1 EL feine Meersalzflocken
2 EL leichter Rotweinessig
2–3 EL kalt gepresstes Olivenöl
2 EL Dill, gehackt
2 EL glatte Petersilie, gehackt
50 g Kapuzinerkresseblätter
150 g griechischer Joghurt
6–8 Babygurken mit Blüten, sofern erhältlich
6–8 Kapuzinerkresseblüten

Die Salatgurke und die Frühstücksgurken der Länge nach vierteln und in 1 ½ cm große Stücke schneiden. In ein Sieb geben und mit dem Salz bestreuen. Gut vermengen und 30 Minuten über einer Schüssel Wasser ziehen lassen. Die Flüssigkeit auffangen und bis zur weiteren Verwendung beiseitestellen.

Das Salz abwaschen und die Gurken trockentupfen. Mit dem Essig, dem Öl, dem Dill und der Petersilie in eine Schüssel geben. Gut vermengen und nach Bedarf mit Salz abschmecken. 10 Minuten ziehen lassen.

Die Blätter der Kapuzinerkresse mit den Gurken vermengen. Den Joghurt auf einer großen Platte verstreichen und den Gurkensalat mitsamt der Sauce darauflöffeln. Mit den Babygurken und den Blüten der Kapuzinerkresse garnieren.

Teil des Revivals der dänischen Küche und des Booms der modernen nordischen Küche überhaupt ist dem Glauben an saisonale Küche geschuldet. Holunderblüten beispielsweise haben von Ende Mai bis Mitte Juni Saison und ergänzen das kräftige Aroma der Makrele sehr gut.

GEGRILLTE MAKRELEN mit Holunderblüten

Für 4 Personen ■ Zubereitungszeit: 25 Minuten ■ Kochzeit: 16 Minuten

Zutaten

4 ganze Makrelen à 225 g, ausgenommen und gewaschen
Salz
schwarzer Pfeffer aus der Mühle
6 EL kalt gepresstes Olivenöl
2 unbehandelte Zitronen, der Länge nach halbiert und in Scheiben geschnitten
100 g Holunderblüten
4 EL Rotweinessig

TOMATENSALAT
2 große Tomaten, z. B. Ochsenherz oder eine andere alte Sorte, in Scheiben geschnitten
4 mittelgroße Tomaten, z. B. Green Zebra oder eine andere alte Sorte, in Scheiben geschnitten
2 EL kalt gepresstes Olivenöl
2 EL Rotweinessig
3 EL glatte Petersilie, gehackt
2 EL Dill, gehackt

Die Fische zunächst außen mit Salz und Pfeffer und dann leicht mit Öl einreiben. Das Innere gleichmäßig mit den Zitronenscheiben und einigen Holunderblüten füllen und die Fische dann in regelmäßigen Abständen mit Küchengarn umwickeln.

Den Tomatensalat zubereiten. Die Tomaten in einer flachen Schüssel anrichten, würzen und mit Olivenöl und Essig beträufeln. 10 Minuten ziehen lassen, dann mit den gehackten Kräutern bestreuen.

Einen Holzkohlegrill auf mittlere Temperatur vorheizen. Den Grillrost auf die Holzkohle legen, erhitzen und mit Pflanzenöl einstreichen. Die Makrelen darauf legen und 8 Minuten auf jeder Seite grillen. Das übrige Öl mit dem Essig mischen und abschmecken. Die Fische auf eine Servierplatte legen und ein wenig von der Ölmischung darüberträufeln. Nach Belieben mit mehr Holunderblüten garnieren und mit dem Tomatensalat servieren.

Shrubs sind essighaltige Erfrischungsgetränke ohne Alkohol. Sie eignen sich perfekt als Drinks für laue Sommerabende mit Freunden. Sollten die Früchte sehr reif und süß sein, benutzen Sie einfach weniger Zucker. Rhabarber dagegen ist säuerlich, hier ist die volle Zuckermenge nötig.

FRUCHT-SHRUB der Saison

Ergibt 350 ml ■ Zubereitungszeit: 20 Minuten, plus 26 Stunden zum Ziehen und 1 Woche zum Fermentieren ■ Kochzeit: keine

Zutaten

200 g Zucker
Schale von 2 unbehandelten Zitronen oder Orangen, in Streifen geschnitten
1 kg Obst, z. B. Rhabarber, Beeren, Pfirsiche, Nektarinen oder Kirschen, nach Bedarf entsteint
50 g Minze, Zitronenverbene oder frische Ingwerscheiben
250 ml Bio-Apfelessig mit »Mutter« oder nicht pasteurisierter Apfelessig

Den Zucker und die Zitrusschalen in einer großen Schüssel gründlich vermengen. Abdecken und 1 Stunde bei Zimmertemperatur stehen lassen.

Die Zitrusschalen entfernen, sie werden nicht mehr benötigt. Rhabarber, Beeren oder anderes Obst nach Wahl sowie die Kräuter oder den Ingwer in die Schüssel mit dem Zitrussirup geben und mit den Händen leicht zerdrücken, sodass etwas Saft austritt. Abdecken und für 24 Stunden in den Kühlschrank stellen.

Den Essig zugießen und alles gut vermischen. Eine Stunde bei Zimmertemperatur ziehen lassen, dann mithilfe eines Passiertuchs und eines Trichters in ein Glas oder eine Flasche mit Schraubverschluss sieben. Mit dem Deckel verschließen und 1 Woche im Kühlschrank fermentieren lassen.

Zum Servieren 30 ml des *Shrub*-Konzentrates mit 200 ml Mineralwasser verdünnen und nach Belieben Eiswürfel zugeben.

Gebeizter Lachs wird traditionell sowohl an Ostern als auch an Weihnachten gegessen. Einen modernen Twist erhält die hausgemachte Version, wenn der Beize geraspelte rohe Rote Bete beigefügt werden. Wird der Lachs dann aufgeschnitten, geht die tiefrote Außenseite mit den Kräutern darauf langsam in lachstypisches Orange über.

»GRAVLAX« modern & traditionell

Für 8–10 Personen ▪ Zubereitungszeit: 30 Minuten, plus 48 Stunden zum Beizen ▪ Kochzeit: keine

Zutaten

2 Mittelstücke à 500 g vom Bio-Lachsfilet mit Haut, entgrätet
75 g Meersalzflocken
75 g Zucker
1 TL schwarze Pfefferkörner, grob gemahlen
8 Wacholderbeeren oder Koriandersamen, leicht zerstoßen
20 g Dill oder Koriandergrün, gehackt
1 große Rote Bete, geschält und grob geraspelt (optional) oder
Abrieb von 2 unbehandelten Zitronen
2 EL Aquavit, Gin oder Wodka

Den Lachs trockentupfen und beiseitestellen.

Für die Beize das Salz, den Zucker, die Pfefferkörner und die Wacholderbeeren oder die Koriandersamen mit den Kräutern in eine Schüssel geben und gut vermengen.

Ein großes Backblech mit Frischhaltefolie auslegen, dabei die Folie nicht von der Rolle abtrennen. Ein Lachsfilet mit der Hautseite nach unten darauflegen. Wird Rote Bete oder Zitronenabrieb verwendet, diese nun zur Beize geben und auf dem Fisch verteilen, dann den Alkohol nach Wahl darüberträufeln. Das zweite Stück Lachs mit der Hautseite nach oben auf die Beize legen.

Die beiden aufeinandergelegten Lachsfilets fest in die Frischhaltefolie wickeln. Einen geeigneten Topf zum Beschweren darauflegen und für mindestens 48 Stunden in den Kühlschrank stellen. Den Lachs alle 12 Stunden wenden. Je länger er zieht, desto stärker wird er gebeizt – es empfehlen sich 4 Tage. Zum Servieren auswickeln und die Beize mit Küchenpapier abwischen. Dann den Lachs im 45°-Winkel sehr dünn aufschneiden.

Sowohl Ente als auch Gans eignen sich für einen Weihnachtsbraten – es kommt ganz auf die Familientradition an. Bereiten Sie die Ente am Vorabend vor und bewahren Sie sie über Nacht im Kühlschrank auf. Decken Sie die Ente nicht ab, damit ihre Haut trocknen kann.

»JULE AND« Weihnachtsente

Für 8 Personen ▪ Zubereitungszeit: 45 Minuten, plus 6–24 Stunden zum Ruhen ▪ Kochzeit: 4 ½–5 ½ Stunden

Zutaten

1 Ente (etwa 4–5 kg)
1 EL feines Salz
1 EL schwarze Pfefferkörner, frisch zerstoßen
500 g aromatische Äpfel, in etwa 1 ½ cm breite Spalten geschnitten
3 Schalotten, halbiert
100 g Trockenpflaumen
15 g Thymianzweige, plus mehr zum Garnieren
1 EL Traubenkern- oder Sonnenblumenöl

RÖSTGEMÜSE
2 große Karotten, in Stücke geschnitten
2 große Zwiebeln, in dicke Scheiben geschnitten
2 große Stangen Sellerie, in Stücke geschnitten
1 TL Meersalzflocken

BRATENSAUCE
150 ml Portwein, Wermut oder Rotwein
40 g Butter
40 g Weizenmehl

Das Fett entlang des Bürzels entfernen. Die Ente waschen, gut trockentupfen und innen mit der halben Salz- und Pfeffermenge gründlich einreiben. Den vorderen Halslappen mit Spießchen oder Küchengarn fixieren.

Äpfel, Schalotten, Pflaumen, Thymian und etwas Pfeffer mischen, die Ente damit füllen, schließen und mit dem Öl und dem übrigen Salz und Pfeffer einreiben. Die Keulen zusammenbinden und die Flügel mit Spießchen fixieren. Einen Backofenrost auf ein Tablett legen und die Ente darauf für 24 Stunden in den Kühlschrank stellen.

Den Ofen auf 120 °C (Ober-/Unterhitze) vorheizen. Die Ente auf Zimmertemperatur bringen. Das Röstgemüse in einen Bräter geben, die Ente darauflegen und 4–5 Stunden backen. Die Kerntemperatur sollte bei 80 °C liegen. Sollte die Bratenflüssigkeit knapp werden, 150–300 ml Wasser angießen.

Die Ente auf einem Brett ruhen lassen. Das Gemüse beiseitestellen. Die Bratenflüssigkeit in eine Schüssel gießen und an einen kühlen Ort stellen. Das ausgehärtete Fett an der Oberfläche mit einem Löffel abnehmen. Sollten nicht mindestens 350 ml Bratenflüssigkeit übrig bleiben, mit Wasser auffüllen.

Den Bräter bei mittlerer Temperatur auf dem Herd erhitzen und unter Rühren mit dem Portwein ablöschen. Die Butter zugeben und schmelzen. Das Mehl und dann die Bratenflüssigkeit zugeben. Die Ente mit der Bratensauce und dem Gemüse, mit einem Thymianzweig garniert, servieren. Beilagen siehe Seite 210.

Das Kartoffelschälen dauert seine Zeit, doch das wird an Weihnachten traditionell gerne in Kauf genommen. Der Rotkohl kann bis zu 2 Tagen im Voraus zubereitet und dann kalt gestellt werden. Erst kurz bevor er am Weihnachtstag mit den neuen Kartoffeln und dem Entenbraten serviert wird, wird er erneut erhitzt.

DIE BEILAGEN
Kartoffeln & Rotkohl

Kartoffeln

Für 8 Personen ▪ Zubereitungszeit: 1 Stunde ▪ Kochzeit: 30 Minuten

Zutaten

1 kg kleine neue Kartoffeln
100 g Muscovado-Zucker
50 g Butter
50–75 g Entenbratfett, zum Glasieren (optional)
Salz

Die Kartoffeln in einem großen Topf mit kochendem Salzwasser kochen, bis sie gerade gar sind, im Inneren aber noch einen festen Kern haben. Abgießen und abkühlen lassen, dann vorsichtig schälen.

Den Zucker dünn und gleichmäßig in eine große schwere Bratpfanne verteilen und ohne Rühren auflösen. Sobald er karamellisiert ist und eine goldbraune Farbe angenommen hat, die Butter und nach Belieben Entenbratfett dazugeben. Wenn es brutzelt, die Kartoffeln in der Fett-Karamell-Mischung schwenken. Gut abschmecken und warm mit dem Entenbraten servieren.

Geschmorter Rotkohl

Für 6–8 Personen ▪ Zubereitungszeit: 20 Minuten ▪ Kochzeit: 1 ½ Stunden

Zutaten

1 Kopf Rotkohl (etwa 1 kg)
4 EL Rotwein
2 Streifen Orangenschale
2 Streifen Zitronenschale
1 EL Pimentkörner, leicht zerstoßen
1 Zimtstange
50 g Butter, gewürfelt
Salz

Den Ofen auf 150 °C (Ober-/Unterhitze) vorheizen. Den Rotkohl vierteln und den Strunk entfernen. In dünne Scheiben schneiden und zusammen mit dem Essig, den Zitrusschalen, den Pimentkörnern und der Zimtstange in einen großen ofenfesten Topf füllen. Mit Salz würzen und die Butterwürfel auf dem Kohl verteilen.

Einen großen Bogen Backpapier zerknüllen, mit kaltem Wasser befeuchten, wieder auseinanderfalten und über den Rotkohl breiten. Mit dem Topfdeckel verschließen und 1 ½ Stunden im Ofen schmoren, bis der Rotkohl weich ist. Rühren und nach Bedarf abschmecken.

Austern am Silvesterabend

Die große flache Pazifische Auster ist im dänischen Wattenmeer am häufigsten. Zwar sind Austern natürlich das ganze Jahr über erhältlich, doch besonders gut schmecken sie am Silvesterabend mit einem Glas Champagner. Hier sind ein paar passende Vinaigretten.

Rote Johannisbeeren

Für 8 Austern

Eine fein gehackte Schalotte mit 2 EL roten Johannisbeeren vermengen. Die Johannisbeeren zerdrücken, um ihren Saft freizusetzen. Mit Salz und Pfeffer abschmecken, auf den Austern verteilen und mit je einer gekühlten Rispe Johannisbeeren obenauf servieren.

Rhabarbervinaigrette

Für 12 Austern

Eine große Stange Rhabarber sehr fein würfeln. Zusammen mit einer kleinen gewürfelten Schalotte, 2 EL Rotweinessig, Salz und einer Prise Zucker in eine Schüssel geben. ¼ TL Koriandersamen leicht zerstoßen und zur Vinaigrette geben. 10 Minuten ziehen lassen, dann auf die Austern löffeln und servieren.

Seehasenrogen

Für 8 Austern

Eine Schalotte fein würfeln und mit dem Saft von ½ Zitrone vermengen. Nach Belieben würzen, dann zu den Austern geben. Seehasenrogen und farbenfrohe Kräuter darauf anrichten.

Gurke & Kapuzinerkresse

Für 12–16 Austern

Eine (persische) Salatgurke schälen und fein würfeln. Mit 2 EL Petersilienöl (Seite 176) und 2 EL Apfelessig in einer Schüssel vermengen und mit Salz würzen. Einen Löffel auf alle Austern geben und je nach Saison mit einem Kapuzinerkresseblatt oder einer -blüte garnieren.

Gurke & Meerrettich

Für 12–16 Austern

Eine (persische) Salatgurke schälen und fein würfeln. Mit 2 EL geriebenem Meerrettich, 2 EL Sonnenblumenöl und 2 EL Apfelessig vermengen. Nach Belieben mit Salz abschmecken. Auf die Austern verteilen und mit grob gemahlenen schwarzen Pfefferkörnern bestreuen.

Dieser traditionelle Silvesterkuchen wird mit viel Marzipan gemacht. Er besteht aus mindestens 5 Ringen, aber die Anzahl kann nach Belieben erhöht werden. Sie können 3–5 Tage im Voraus gebacken und an einem kühlen Ort gelagert werden, bis sie gebraucht werden.

»KRANSEKAGE« Neujahrskuchen

Für 8–12 Personen ▪ Zubereitungszeit: 40 Minuten ▪ Backzeit: 12–15 Minuten

Zutaten

200 g gemahlene Mandeln
6 EL Weizenmehl Type 405
400 g Zucker
½ TL gemahlener Kardamom oder Zimt
1 kg Marzipanrohmasse, grob geraspelt und gekühlt
300 g Eiweiß, mit einer Gabel verquirlt

ZUCKERGUSS
300 g Puderzucker
3–4 EL Wasser, Milch oder Zitronensaft
1 Handvoll getrocknete Kornblumen, zum Dekorieren

Die gemahlenen Mandeln, das Mehl, den Zucker und den Zimt bzw. den Kardamom in einem Standmixer vermengen. Die Hälfte des Eiweißes und dann das Marzipan hinzufügen und alles zu einer Paste mixen. Mehr Eiweiß zugeben, bis sich ein Teig formen lässt. Abdecken und für 1 Stunde in den Kühlschrank stellen.

Für die Glasur den Puderzucker in eine Schüssel sieben und nach und nach die Flüssigkeit unterrühren. Der Zuckerguss muss dick sein. In einen Spritzbeutel füllen und beiseitestellen.

Den Ofen auf 190 °C (Ober-/Unterhitze) vorheizen. Den Teig in 4–6 Stücke teilen. Mit angefeuchteten Händen mehrere Stränge unterschiedlicher Längen von 8, 12, 14, 16, 20, 24, 26, 28 und 32 cm formen. Alle Stränge sollten einen Durchmesser von 4 cm haben.

Die Enden der Stränge jeweils zu einem Ring zusammenführen, dann mit genügend Abstand auf zwei mit Backpapier versehene Backbleche legen. Aus dem eventuell übrigen Teig eine Kugel formen.

12 Minuten backen, bis die Ringe eine goldbraune Farbe angenommen haben. Aus dem Ofen nehmen und vollständig abkühlen lassen.

Zum Zusammensetzen auf jeden Ring mit dem Zuckerguss eine Zickzacklinie aufspritzen, dann die Ringe, beginnend mit dem größten ganz unten, der Größe nach aufeinanderschichten. Die kleine Teigkugel auf den obersten Ring setzen. Mit Kornblumen dekorieren und um Mitternacht servieren.

Rezeptregister

Register

M

P

R

S

W

Z

"PUSTA LAM"
Slagteren ved Kultorvet
Be a Hero
Follow Me

Die guten Adressen

FRÜHSTÜCK / CAFÉS

ANDERSEN & MAILLARD
Nørrebrogade 62
2200 Copenhagen N
+45 30 86 49 22
http://andersenmaillard.dk

APOLLO BAR
Charlottenborg
Nyhavn 2
1051 Copenhagen K
+45 60 53 44 14
http://apollobar.dk

GRØD
Jægersborggade 50
2200 Copenhagen N
info@groed.com
https://groed.com
Sie können gefriergetrocknete Beeren für Ihre Toppings kaufen.

THE COFFEE COLLECTIVE
Headoffice,
Godthåbsvej
2000 Frederiksberg C
+ 45 60 15 15 25
https://coffeecollective.dk/da/
Mehrere Filialen in Kopenhagen.

MITTAGESSEN

ØL & BRØD
Viktoriagade 6
1620 Copenhagen K
+45 33 31 44 22
http://www.ologbrod.dk

RESTAURANT PALÆGADE
Palægade 8
1261 Copenhagen K
+45 70 82 82 88
https://palaegade.dk

GASOLINE BURGER
Landsgreven 10
1300 Copenhagen K
https://www.gasolinegrill.com

SCHØNNEMAN
Hauser plads 16
1127 Copenhagen K
+45 33 12 07 85
http://www.restaurantschonnemann.dk

HOT DOGS

HANEGAL
Bio-Würstchen
http://hanegal.dk/forhandlere/

JOHN'S HOTDOG DELI
Flæsketorvet 39
1711 Copenhagen V
https://kodbyen.kk.dk/artikel/johns-hotdog-deli

RESTAURANTS

ADMIRALGADE 26
admiralgade 26
1066 Copenhagen K
+45 33 33 79 73
http://www.admiralgade26.dk
restaurant@admiralgade26.dk

AMASS
Refshalevej 153
1432 Copenhagen
+45 43 58 43 30
www.amassresturant.com

BARR
Strandgade 93
1401 Copenhagen K
+45 32 96 32 93
https://restaurantbarr.com

GRO SPISERI
Æbleøgade 4, rooftop
2100 Copenhagen Ø
+ 45 31 87 07 45
www.grospiseri.dk

LA BANCHINA
Refshalevej 141
1432 Copenhagen K
+45 31 26 65 61
https://www.labanchina.dk

SPISEHUSET 5C
slagterhusgade 5c
1715 Copenhagen V
en grå kødby
+45 28 93 68 79 (Torsten)
https://food8.dk/spisehuset/

BÄCKEREIEN / KONDITOREIEN / TEESTUBEN

HANSEN IS
https://hansens-is.dk

JUNO
Århusgade 48
2100 Copenhagen Ø
https://www.instagram.com/juno_the_bakery/

KARAMELLERIET
Caramel artisanal
Jægersborggade 36
2200 Copenhagen N
+45 70 23 77 77
http://karamelleriet.com

LECKERBAER
Ryesgade 118
2100 København Ø
+45 28 40 48 64
leckerbaer.dk

LILLE BAGERI
Refshalevej213B
1432 Copenhagen K
https://lillebakery.com

OLUF'S IS
Olufsvej 6
2100 Copenhagen Ø
+ 45 27 59 38 36
http://www.olufs.dk/

WINTERSPRING DESSERT
Dessert & Eisdiele
Store strandstræde 16
1255 Copenhagen K
+ 45 30 47 77 88
www.winterspringdesserts.com

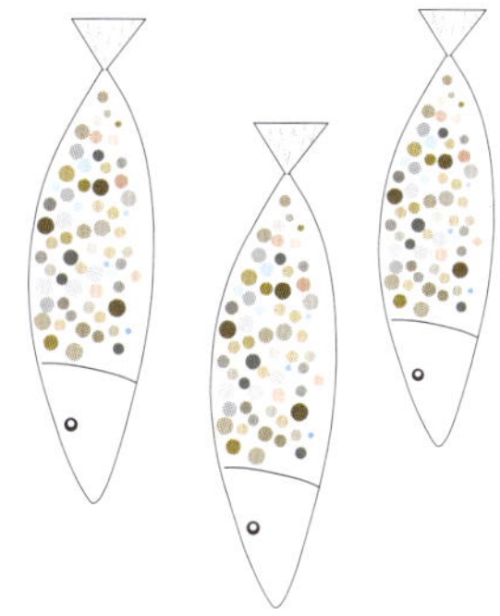

WEINBARS

SABOTØREN

Fensmarksgade 27
2200 Copenhagen N

+45 21 32 00 19
www.sabotøren.dk

VED STRANDEN 10

Ved stranden 10
1061 Copenhagen K

+ 45 35 42 40 40

VEXEBO WINE

Dänischer Naturwein

Veksebovej 9
3480 Fredensborg

www.vexebovin.dk

VINHANEN

Baggesensgade 13
2200 Copenhagen N

+ 45 29 92 14 52
www.vinhanen.dk

WEITERE

Fleischerei

SLAGTEREN VED KULTORVET

Frederiksborggade 4
1360 Copenhagen K

+ 45 33 12 29 02
https://www.kultorvet.dk

Gewürze

https://www.asaspice.dk

Sie können getrocknete Blaubeerblumen kaufen.

Wildpflanzen, Beeren, Wurzeln, Pilze, Kräuter, etc.

THOMAS LAURSEN

http://wildfooding.com

Käse

OSTEN VED KULTORVET

Rosenborggade 2
1130 Copenhagen K

+45 33 15 50 90
http://www.ostenvedkultorvet.dk

Geräucherter Fisch / Meeresfrüchte

HASLE RØGERI

www.hasleroegeri.dk
Versenden nach ganz Europa.

NORDBORNHOLMS RØGERI

https://nbr.dk
https://shop.nbr.dk

Hering

CHRISTIANS Ø PIGENS SILD

Info@christiansoe-pigens-sild.dk

Lakritze

https://lakridsbybulow.dk
Süßigkeiten mit Lakritze.

https://www.matas.dk/helse-sundhed/foedevarer-slik-snacks/slik-snacks/lakrids
Lakritze und Süßwaren.

Waffeln / Waffeln für Flødeboller

https://www.urtegaarden.dk/floedebollebunde-45-mm

Lebensmittelmarkt

TORVEHALLERNE

Frederiksborggade 21
1360 Copenhagen K

www.torvehallernekbh.dk

Dank

Vielen Dank an alle in Kopenhagen, die dieses Projekt verwirklicht haben. Vielen Dank an die Küchenchefs, die Köche, unsere Freunde, die uns ihre Familienrezepte gegeben haben, von den Klassikern bis zu den traditionellsten Gerichten in ihren überarbeiteten Versionen. Danke auch an The Lab und Emil, die dieses Projekt möglich gemacht haben. Unsere Mitarbeiter waren großartig: danke an Morten Bentzon, dass er sich der Herausforderung gestellt und Christine geduldig bei allen technischen Aufgaben begleitet hat. Danke an Karen Moltesen und Amalie Gielow für das Foodstyling und Katrine Meilke für ihre Unterstützung in der Küche. Danke an Adam Engel, der auch mehrere Tage dabei war. Sie alle sind mit uns durch die Stadt gereist, um uns dabei zu helfen, das Beste von Kopenhagen einzufangen. Es war heiß in diesem wunderschönen Sommer 2018 und alles war lecker. Danke an Cecilie Svanberg und Jesper Laier, die uns schon in den ersten Stufen geholfen haben, als dieses Buch noch ein Konzept war, und die zu seiner Entwicklung beigetragen haben. Und danke an Catie Ziller, Kathy Steer und Alice Chadwick für das Buchdesign und für ihre Geduld, die uns erlaubt hat, das Ziel zu erreichen.

Kopenhagen, WE LOVE YOU !

Verantwortlich: Sonya Mayer
Produktmanagement & Satz: Silke Schüler
Übersetzung aus dem Englischen: Britta Bettendorf
Redaktion: Regina Schüler
Korrektur: Susanne Langer-Joffroy
Einbandgestaltung: A flock of sheep
Herstellung: Anna Katavic

Printed in China by Toppan

Die Deutsche Nationalbibliothek verzeichnet diese Publikation in der Deutschen Nationalbibliografie; detaillierte bibliografische Daten sind im Internet über http://dnb.d-nb.de abrufbar.

ISBN 978-3-95961-345-3

Christian Verlag
Postfach 40 02 09
D-80702 München
oder per E-Mail an
lektorat@verlagshaus.de

Die französischsprachige Originalausgabe mit dem Titel »Copenhague. Les Recettes Cultes« erschien 2019 bei Marabout ©
Hachette Livre – Marabout, Paris, 2019

Redaktionsleitung: Catie Ziller
Text: Christine Rudolph und Susie Theodorou
Fotografie: Christine Rudolph
Illustrationen: Tusnelda Sommers
Grafikdesign: Alice Chadwick
Redaktion: Kathy Steer
Foodstyling: Susie Theodorou
Assistenz Foodstyling: Katrine Melike
Assistenz: Adam Engel
Fotoassistenz: Morten Bentzon
Assistenz Styling und Shopping: Amalie Gielov und Karen Ravnsbæk Moltesen
Styling und Shopping: Christine Rudolph
Keramik und Tischdekoration: Janaki Larsen, Gurli Elbækgård